财务管理研究与内部控制管理

邹丰华 ◎ 著

吉林文史出版社

图书在版编目（CIP）数据

财务管理研究与内部控制管理 / 邹丰华著. - 长春:
吉林文史出版社，2023.10
　　ISBN 978-7-5472-9910-4

　　Ⅰ．①财… Ⅱ．①邹… Ⅲ．①企业管理－财务管理－
研究②企业内部管理－研究 Ⅳ．①F275②F272.3

中国国家版本馆CIP数据核字(2023)第202002号

CAIWU GUANLI YANJIU YU NEIBU KONGZHI GUANLI

财务管理研究与内部控制管理

著　　者 / 邹丰华
责任编辑 / 张焱乔
出版发行 / 吉林文史出版社
地址邮编 / 吉林省长春市福祉大路5788号 （130117）
邮购电话 / 0431-81629359　81629374
印　　刷 / 廊坊市广阳区九洲印刷厂
开　　本 / 787mm×1092mm　1/16
字　　数 / 230千字
印　　张 / 12
版　　次 / 2023年10月第1版
印　　次 / 2023年10月第1次印刷
书　　号 / ISBN 978-7-5472-9910-4
定　　价 / 78.00元

前　言

在我国经济不断提升、国家大力提倡创新型发展的背景下，财务管理与会计工作也应当紧跟时代步伐，与时俱进。然而，在传统财务管理和会计核算工作中，还存在着诸多问题，无法满足企业在快速发展中不断产生的新需求，且影响会计信息的质量。企业管理者应该对其进行细致的考虑，进而逐渐推进财务管理工作实现创新性跨越式发展。财务管理工作对于企业发展十分重要，从某种程度上而言，不仅影响和制约着企业的其他各项经营活动，而且决定着一个企业未来的发展和兴衰成败。

本书以新时期现代企业财务管理与内部控制的建设为研究主体，首先，从财务管理概述入手，介绍了企业财务管理的价值观念和分类；其次，详细阐述了财务管理之财务分析、财务管理之财务决策管理以及财务管理的具体实践；最后，重点探讨了内部会计控制概论、内部控制的演进与评价、内部控制的理论框架以及企业内部控制的要素等内容。希望本书能为相关专家及学者提供积极有益的启发和帮助。

编者在本书编写过程中参阅了大量的中外书籍，多家校企合作企业和有关领导、专家提供了帮助与支持，在此一并表示感谢。由于编者水平和经验有限，书中难免有欠妥和错误之处，恳请读者批评指正。

目　录

第一章　财务管理概述

第一节　财务管理目标

财务管理目标又称"理财目标"，是企业进行财务活动所要达到的根本目标，是评价企业财务活动是否合理的标准。它决定着财务管理的基本方向，具有相对稳定性、多元性、层次性的特征。

一、企业财务管理目标理论

企业财务管理目标理论中具有代表性的理论主要有利润最大化、股东财富最大化、企业价值最大化和相关者利益最大化。中外财务管理学者从不同的角度对财务管理目标做了深入研究，并用不同的理念来加以表述，其中，以企业利润最大化、股东财富最大化、企业价值最大化和相关者利益最大化等几种表述最具有代表性。

（一）企业利润最大化

企业利润最大化是企业财务管理以实现利润最大为目标。该观点源于亚当·斯密的"经济人"假说，在 20 世纪 50 年代以前的西方经济学界较为流行，属于传统观点，在今天的理论界和实务界仍有一定影响。该观点认为，利润是衡量企业经营和财务管理水平的标志，利润越大，越能满足投资人对投资回报的要求。

利润最大化就是财务管理的目标，这种说法有合理的一面，以往西方微观经济学历来将利润最大化作为理论基础。其合理性体现在以下几个方面：①利润不仅是企业的新创价值，而且是已实现销售并被社会承认的价值；②利润是企业最综合的财务指标，能说明企业的整体经营和财务管理水平的高低；③真实的利润是社会财富的积累；④利润概念是一个最容易被社会各界广泛接受的财务概念。

显然，以利润最大化为财务管理的目标，有科学的合理性。然而，将利润最大化作为企业的财务管理目标，也有不可克服的缺点：①没有考虑企业利润实现的时间因素，即没有运用资金时间价值这一重要的财务概念；②没有充分考虑利润实现的风险因素，不切实际地盲目追求利润最大，往往会使企业承受很大的风险；③利润作为一个绝对数指标，不能反映企业一定时期的投资收益率水平，因而无法表现资本的投入与产出的关系，更不便于在不同企业之间进行财务状况比较（为了克服这一观点的片面性，财务管理学界提出了"每股盈余最大化"的观点）；④没有考虑企业一定时期的现金流量状况，因为利润大并不意味着企业的现金状况好；⑤追求利润最大化会造成企业经营者和财务决策者的短期行为，即只顾实现当前或局部的利润最大化，而不顾企业长远和整体的发展，甚至伤害了企业长久发展的财务实力。可见，将利润最大化作为企业财务管理目标具有一定的片面性，是对财务管理的一种初步认识，而且这种表述存在的缺陷是无法克服的。所以，现代财务管理研究认为，利润最大化不能作为企业财务管理目标的最优选择。

（二）股东财富最大化

股东财富最大化是企业财务管理以股东财富最大为目标。股东财富最大化是指通过财务上的合理经营，为股东带来最多的财富。在股份制经济条件下，股东的财富由其拥有的股票数量和股票的市场价格两个方面决定，在股票数量一定的前提下，当股票价格最高时，则股东财富也达到最大。所以，股东财富最大化，又演变为股票价格最大化。正如美国金融学家阿兰·C.夏皮罗教授所说，在运行良好的资本市场里，投资者可以自由地以最低的交易成本购买和销售金融证券，因此，对于股东财富最大化目标可以理解为最大限度地提高现在的股票价格。美国金融学教授本顿·E.盖普也指出，股东财富最大化是用公司股票的市场价格来计量的。美国金融和经济学教授斯蒂芬·A.罗斯也曾明确指出，财务管理的目标就是要使每股股票的目前价值极大化。

将股东财富最大化作为财务管理目标，是近年来较为流行的一种观点。该观点与企业利润最大化目标相比，有其积极的方面：①股东财富最大化目标科学地考虑了风险因素，因为风险的高低会对股票价格产生重要影响；②股东财富最大化目标在一定程度上能够克服企业在追求利润上的短期行为，因为不仅目前的利润会影响股票价格，预期未来的利润也会对企业股票价格产生重要影响；③股东财富最大化目标比较容易量化，便于考核和奖惩。

但应该看到，股东财富最大化也存在一些缺点：①它只适用于上市公司，对非上市公司则很难适用；②它只强调股东的利益，而对企业其他关系人的利益重视不够，因此可能导致所有者与其他经济利益主体之间的矛盾和冲突；③股票价格受多种因素影响，并非公司能控制的，把不可控因素引入理财目标是不合理的。

（三）企业价值最大化

企业价值最大化是企业财务管理以企业价值最大为目标。它要求企业通过采用最优的财务政策，充分考虑资金的时间价值和风险与报酬的关系，在保证企业长期稳定发展的基础上使企业总价值达到最大。

企业价值是指其能在市场上实现的价值，即公司资产未来预期现金流的现值，而并非企业的账面价值总额。因为企业资产的账面价值与企业的实际市场价值是不一致的。经营良好的企业，它的市场价值必然会高于其账面价值，相反，一个经营失败甚至严重亏损的企业，它的市场价值必然会大大低于其账面价值。企业所有的经营成败与财务状况，都会综合地表现在企业的市场价值上，市场会对企业有一个最终的评价。

从财务理论上看，价值应该是实现现金流入的现值总额。对于一般企业来讲，企业价值的确认，必须通过企业转让、变卖或正确的资产评估才能完成；但对于股份制企业来讲，特别是上市公司，从长久来看，企业股票的市场价格越大，企业的价值越大。股票的价格是真正的市场价值，是投资人对企业的评价，企业内部各种经营和财务状况的变化因素及未来发展前景，都会在企业的股票价格上得以表现。

广义地讲，股东就是企业的投资人，追求股东财富最大，与追求企业价值最大和追求股票价格最高是一致的。企业价值最大化的观点具有股东财富最大化观点的所有优点。然而，目前越来越多的专家学者认为，企业价值最大化观点优于股东财富最大化观点，主要原因为：①企业价值最大化目标可以使财务管理目标与财务管理主体相一致，即两者都是站在企业整体的角度看问题；②企业价值最大化目标充分考虑了各种利益关系。

将企业价值最大化作为财务管理的目标，不但是财务理论研究的必然结论，而且是企业内外部对企业经营和财务状况做出客观评价的必然选择，因为企业价值既是一个最抽象的概念，又是一个能用于企业最终评价的最实际可行的概念。

将企业价值最大化作为财务管理的目标也存在一些不足之处，主要有：①概念比较抽象，不易被外行人士接受，也不像利润和每股盈余指标那样在企业日常会计核算中经常被揭示，因此，运用一些基本的财务指标作为辅助是必要的；②对于上市公司来讲，股票价格是企业价值的直接表现，但股票价格会受到特定经济环境等多种市场因素的综合影响，所以在某一时点上，股价可能并不真正反映这个企业的价值，而讲股票价格是企业价值的外在表现，那是从较长一段时期来讲的；③对于上市公司来讲，公司股票的上市比例及企业间相互参股、控股和间接持股等情况的存在，也会影响股票价格，因为法人股东对股票市场的变动并不敏感，以控股为目的的股东似乎并不在意股价的变化；④对于非上市公司来讲，企业价值最大化不能作为财务管理目标。

（四）相关者利益最大化

相关者利益最大化是企业价值最大化的进一步发展，它要求在企业经营过程中应充分考虑股东及其他利益相关者的利益，通过合作共赢促使企业实现相关者利益最大化。

企业在从事各种资金收支活动时，不可避免地会与不同的利益主体发生联系，从而形成企业的财务关系。财务关系是企业在理财活动中产生的与各相关利益集团间的利益关系。财务关系可概括为七个方面，即企业与出资者之间的财务关系，企业与债权人之间的财务关系，企业与债务人之间的财务关系，企业与被投资者之间的财务关系，企业与内部各单位、各部门之间的财务关系，企业与职工之间的财务关系，企业与税务机关之间的财务关系。其中，最重要的是企业与出资者之间的财务关系和企业与债权人之间的财务关系。企业只有善于协调关系，与社会各个方面和谐相处、共同努力，才能合作共赢，实现企业相关者利益最大化。

二、利益冲突的协调

将相关者利益最大化作为财务管理目标，其首要要求是要协调相关者的利益关系，化解他们之间的利益冲突。

所有者和债权人都为企业提供了财务资源，但是他们处于企业之外，只有经营者即企业管理者直接从事财务管理工作。所有者、债权人和经营者之间构成了企业最重要的财务关系。通常情况下，三者的目标并不完全一致，他们之间可能发生利益冲突，这不利于企业价值最大化财务管理目标的实现，因此，企业必须协调三者之间的冲突。

（一）所有者与经营者利益冲突的协调

经营者和所有者的主要利益冲突，是经营者希望在创造财富的同时，能够获取更多的报酬、更多的享受；而所有者则希望以较小的代价（报酬）实现更多的财富增值。这就是双方在追求各自目标方面存在的矛盾。协调所有者与经营者利益冲突的方式有解聘、接收、激励三种。如果所有者不采取措施，可能就会造成经营者对股东目标的背离，这种背离表现在两个方面：①道德风险，即经营者为了自己的目标，不尽最大努力去实现企业财务管理的目标；②逆向选择，即经营者为了自己的利益，不惜以损害所有者的利益为代价。为了协调这一矛盾，通常可以采用监督和激励两种方式。

股东的监督一般采取聘请注册会计师对公司进行审计、委派财务监事等手段，以尽可能地获取经营者的信息，对经营者进行监督。在经营者背离股东的目标时，股东可以通过解聘、接收的方式约束他们。

解聘是所有者约束经营者的一种办法。所有者对经营者予以监督，如果经营者未能使企业价值达到最大，就解聘经营者。于是，经营者会因为害怕被解聘而去努力实现财务管理目标。

接收是一种通过市场来约束经营者的办法。如果经营者决策失误、经营不力，未能采取一切有效措施使企业价值提高，其管理的公司就可能被其他公司强行接收或吞并，相应经营者也会被解聘。于是，经营者为了避免这种接收，必然会采取一切措施提高股票市价。

股东的激励是指将经营者的报酬与其绩效挂钩，以使经营者自觉采取能满足企业价值最大化的措施。监督成本、激励成本和偏离股东目标的损失之间此消彼长、相互制约。股东要权衡轻重，力求找出能使三项之和最小的解决办法。

（二）所有者与债权人利益冲突的协调

所有者的目标可能与债权人期望实现的目标发生矛盾。公司向债权人举债后，两者之间形成一种债权债务的关系。债权人把资金交给企业，其目标是到时收回本金，并获得约定的利息收入；公司借款的目的是用它扩大经营，投入有风险的生产经营项目，由于风险与收益呈一种反向关系，企业往往会把资金投向风险高的项目，这样便使两者的目标并不一致。所有者与债权人的矛盾主要表现在以下两个方面：①所有者可能未经债权人同意，便要求经营者投资于比债权人约定的风险高的项目，这会增大偿债的风险；②所有者或股东未征得现有债权人同意，便要求经营者发行新债券或举借新债，致使旧债券或老债的价值降低。

为协调所有者与债权人的上述矛盾，通常可采用的方式有限制性借债、收回借款或停止借款等。限制性借债是指在借款合同中加入某些限制性条款，如规定借款的用途、借款的担保条款和借款的信用条件等；收回借款或停止借款是指当债权人发现公司有侵蚀其债权价值的意图时，收回债权和不给予公司增加放款，从而保护自身的权益。

总之，企业要想能长久生存发展，在谋求自身利益的同时，不仅要处理好与利益主体的关系，还要注意自己的社会责任。一般情况下，二者是基本一致的，但也存在一定的矛盾，我国政府应制定一定的法律和规定强制企业承担社会责任。

第二节　财务管理环节

财务管理环节是根据财务管理工作的程序及各部分间的内在关系划分的，可分为计划与预算、决策与控制、分析与考核三大部分，财务预测、财务计划、财务预算、财务决策、财务控制、财务分析和财务考核七大环节。财务管理的各个环节相互连接，形成财务管理工作的完整过程，被称为"财务管理循环"。

一、计划与预算

（一）财务预测

财务预测是根据企业财务活动的历史资料，考虑现实的要求和条件，对企业未来的财务活动做出较为具体的预计和测算的过程。财务预测的方法主要有定性预测和定量预测两类。作为现代企业整个财务管理过程的首要环节，财务预测是进行财务决策的基础、编制财务计划的前提、实施财务控制的标准、开展财务分析的根据。财务预测可被视为一个系统，包括输入、处理、输出、反馈等环节。财务预测的工作程序为：①明确预测对象和目的；②收集和整理资料；③确定预测方法，利用预测模型进行测算；④确定最优值，提出最佳预测方案。

（二）财务计划

财务计划是根据企业整体战略目标和规划，结合财务预测的结果，对财务活动进行规划，并以指标形式落实到每一个计划期间的过程。确定财务计划指标的方法主要有平衡法、因素法、比例法和定额法等。

财务计划为各项财务活动确立目标和任务，既为财务控制提供依据，又为财务分析和业绩评价提供尺度。财务计划在现代企业财务管理全过程中起着承上启下的作用，使得现代企业财务管理更有秩序。它以财务预测和财务决策为前提，是财务控制和财务分析的基础。编制财务计划的程序为：①分析主客观条件，全面安排计划指标；②协调人力、物力、财力，落实增产节约措施；③编制计划表格，协调各项计划指标。

（三）财务预算

财务预算是根据财务战略、财务计划和各种预测信息，确定预算期内各种预算指标的过程。财务预算的方法主要有固定预算与弹性预算、增量预算与零基预算、定期预算和滚动预算等。

财务预算是指反映企业未来一定预算期内的预计现金收支、经营成果和财务状况的各种预算，具体包括现金预算、预计损益表、预计资产负债表和预计现金流量表。财务预算是计划工作的成果，在企业经营管理和实现目标利润的过程中发挥着重大作用，既是决策的具体化，又是控制生产经营活动的依据。

二、决策与控制

（一）财务决策

财务决策是按照财务战略目标的总体要求，利用专门的方法对各种备选方案进行比较和分析，从中选出最佳方案的过程。财务决策的方法主要有以下两种：①经验判断法，如淘汰法、排队法、归类法等；②定量分析法，如优选对比法、数学微分法、线性规划法、概率决策法等。

财务决策以资源的优化配置为目标，本着成本效益的原则，主要研究现代企业经营决策中的资金筹集、投放、营运、分配的时间、方向以及数量等问题，是各项经营决策的核心和综合反映。财务决策的科学性直接决定着财务预算的合理性、财务控制的有效性和财务分析的有用性。没有财务决策，其他环节的工作就失去了意义。财务决策的程序为：①确定决策目标，②提出备选方案，③选择最优的方案。

（二）财务控制

财务控制是利用有关信息和特定手段，对企业的财务活动施加影响或调节，以便实现计划规定的财务目标的过程。财务控制的方法主要有前馈控制、过程控制、反馈控制几种。它是落实计划任务、保证计划实现的有效措施，是实现现代企业财务管理目标的基本手段。

财务控制是在生产经营活动中，以计划任务和各项定额为依据，对资金的收入、支出、占用、耗费进行日常的计算和审核，以实现计划指标，提高经济效益。财务控制的工作程序包括以下几步。

（1）制定标准。制定资金和成本费用的定额、限额与预算，并按照责、权、利相结合的原则，将计划任务以财务指标或标准的形式分解落实到车间、科室、班组以至个人。

（2）执行标准。企业各级部门和各级单位按照事先制定的标准对照执行。

（3）确定差异。将实际与标准进行对比，确定差异的程度和性质。

（4）消除差异。深入分析差异形成的原因，确认造成差异的责任归属，采取切实有效的措施消除差异，以便顺利实现计划指标。

（5）考核奖惩。考核各项财务指标的执行结果，把财务指标的考核纳入各级岗位责任制，运用激励机制，实行奖惩。

三、分析与考核

（一）财务分析

财务分析是根据企业财务报表等信息资料，采用专门方法，系统分析和评价企业财务状况、经营成果以及未来趋势的过程。财务分析的方法主要有比较分析、比率分析、综合分析等。

财务分析作为现代企业财务管理全过程的最后一个环节，标志着上一个财务管理循环的完成，也意味着下一个财务管理循环的开始，是两个循环交替的转换点。财务分析的工作步骤为：①收集资料，掌握信息；②指标对比，查找问题；③分析原因，明确责任；④提出措施，改进工作。

（二）财务考核

财务考核是将报告期的实际完成数与规定的考核指标进行对比，确定有关责任单位和个人是否完成任务的过程。财务考核的形式是多种多样的，既可以用绝对指标、相对指标完成百分比考核，也可以用多种财务指标进行综合评价考核。

第三节　财务管理体制

财务管理体制是指划分企业财务管理方面权、责、利关系的一种制度，是财务关系的具体表现形式。一般来说，包括企业投资者与经营者之间的财务管理体制和企业内部的财务管理体制两个层次。企业集团财务管理体制是明确集团各财务层级财务权限、责任和利益的制度，其核心问题是如何配置财务管理权限，又以分配母公司与子公司之间的财权为主要内容。

一、企业财务管理体制的一般模式

财务管理体制按集权化的程度可分为集权型财务管理体制、分权型财务管理体制和集权与分权相结合型财务管理体制。

（一）集权型财务管理体制

集权型财务管理体制是指企业对各所属单位的所有财务管理决策都进行集中管理，各所属单位没有财务决策权，企业总部的财务部门不但参与决策和执行决策，在特定情况下还直接参与各所属单位的执行过程。

1.集权型财务管理体制的优点

（1）由集团最高管理层统一决策，有利于规范各成员企业的行动，促使集团整体政策目标的贯彻与实现。

（2）最大限度地发挥企业集团各项资源的复合优势，集中力量达到企业集团的整体目标。

（3）有利于发挥母公司财务专家的作用，降低子公司的财务风险和经营风险。

（4）有利于统一调度集团资金，保证资金头寸，降低资金成本。

2. 集权型财务管理体制的缺点

（1）集权型财务管理体制首先要求最高决策管理层必须具有极高的素质与能力，其次必须能够高效率地汇集起各方面详尽的信息资料，否则可能导致主观臆断，出现重大的决策错误。

（2）财务管理权限高度集中于母公司，这容易挫伤子公司的积极性，抑制子公司的灵活性和创造性。

（3）还可能由于信息传递时间长，延误决策时机，使企业缺乏对市场的应变力与灵活性。

（二）分权型财务管理体制

分权型财务管理体制是指企业将财务决策权与管理权完全下放到各所属单位，企业内部的管理权限分散于各所属单位，各所属单位在人、财、物、供、产、销等方面有决定权，只需要对一些决策结果报请企业总部备案即可。

1. 分权型财务管理体制的优点

（1）可以调动子公司各层次管理者的积极性。

（2）对市场信息反应灵敏，决策快捷，易于捕捉商机，增加创利机会。

（3）使最高层管理者将有限的时间和精力集中于企业最重要的战略决策问题上。

2. 分权型财务管理体制的缺点

（1）难以统一指挥和协调，有的子公司因追求自身利益而忽视甚至损害公司整体利益。

（2）弱化了母公司的财务调控功能，使其不能及时发现子公司面临的风险和重大问题。

（3）难以有效约束经营者，从而造成子公司"内部人控制"的问题。

（三）集权与分权相结合型财务管理体制

集权与分权相结合型财务管理体制的实质是集权下的分权，企业对各所属单位在所有重大问题的决策与处理上实行高度集权，各所属单位则对日常经营活动具有较大的自主权。集权与分权相结合型财务管理体制以企业发展战略和经营目标为核心，将企业内重大决策权集中于企业总部，而赋予各所属单位自主经营权。

恰当的集权与分权相结合，既能发挥母公司的财务调控职能，激发子公司的积极性和创造性，又能有效控制经营者及子公司的风险。所以，适度的集权与分权相结合的混合制是很多企业集团财务管理体制追求的目标。但如何把握"度"是一大难题。

二、集权与分权的选择

企业的财务特征决定了分权的必然性，而企业的规模效益、风险防范又要求集权。

集权与分权各有利弊和特点。

从聚合资源优势、贯彻实施企业发展战略和经营目标的角度来看，集权型财务管理体制显然最具保障力，但信息传递的及时性差、成本比较高，而且影响部门的积极性、创造性与应变能力。分权型财务管理体制可以在相当程度上缩短信息传递的时间，减少信息传递过程中的控制问题，从而使信息传递与过程控制等环节的相关成本得以节约，并能大大提高信息的决策价值与利用效率。但随着权力的分散，就会产生企业管理目标换位的问题，这是采用分权型财务管理体制通常无法完全避免的一种成本或代价。集权型财务管理体质或分权型财务管理体制的选择，本质上体现着企业的管理政策，是企业基于环境约束与发展战略考虑顺势而定的权变性策略。

企业总部应做到制度统一、资金集中、信息集成和人员委派。总部集权主要有七项内容：①集中制度制定权，②集中筹资、融资权，③集中投资权，④集中用资、担保权，⑤集中固定资产购置权，⑥集中财务机构设置权，⑦集中收益分配权。分散管理主要有四项内容：①分散经营自主权，②分散人员管理权，③分散业务定价权，④分散费用开支审批权。

三、企业财务管理体制的设计原则

由于企业内部财务管理体制是构建企业财务运行机制的基础和前提，如何合理选择企业内部财务管理体制就显得很重要。新《企业财务通则》第八条要求："企业实行资本权属清晰、财务关系明确、符合法人治理结构要求的财务管理体制。"企业应当按照国家有关规定建立有效的内部财务管理体制。

从企业的角度出发，其财务管理体制的设定或变更应当遵循以下四项原则。

1. 与现代企业制度的要求相适应的原则

按照现代企业制度的要求，企业财务管理体制必须以产权管理为核心，以财务管理为主线，以财务制度为依据，体现现代企业制度特别是现代企业产权制度管理的思想。

2. 明确企业对各所属单位管理的决策权、执行权与监督权三者分立的原则

现代企业要想做到科学管理，必须首先从决策与管理程序上做到科学、民主，因此，决策权、执行权与监督权三权分立的制度必不可少。

3. 明确财务综合管理和分层管理思想的原则

现代企业制度要求管理是一种综合管理、战略管理。具体内容为：①从企业整体角度、企业的财务战略进行定位；②对企业的财务管理行为进行统一规范，做到高层的决策结果能被低层战略经营单位完全执行；③以制度管理代替个人的行为管理，从

而保证企业管理的连续性；④以现代企业财务分层管理思想指导具体的管理实践（股东大会、董事会、经理人员、财务经理及财务部门各自的管理内容与管理体系）。

4. 与企业组织体制相对应的原则

企业组织体制主要有 U 型结构、H 型结构和 M 型结构三种组织形式。U 型结构直接从事各所属单位的日常管理，即实行管理层级的集中控制；H 型结构实质上是企业集团的组织形式，子公司或分公司具有法人资格或是相对独立的利润中心；M 型结构集权程度较高，突出整体优化，具有较强的战略研究、实施功能和内部交易协调能力。它是目前国际上大企业管理体制的主流形式。M 型结构的具体形式有事业部制、矩阵制、多维结构等。

四、集权与分权相结合型财务管理体制的一般内容

总结中国企业的实践经验可知，集权与分权相结合型财务管理体制的核心内容是企业总部应做到制度统一、资金集中、信息集成和人员委派。具体集权内容主要有：集中制度制定权，筹资、融资权，投资权，用资担保权，固定资产购置权，财务机构设置权，收益分配权。具体分权内容主要有：分散经营自主权、人员管理权、业务定价权、费用开支的审批权。

五、企业内部财务管理体制的主要内容

企业内部财务管理体制的主要责任是在特定经济环境下正确处理企业同内外各方面经济利益的关系，因而它主要包括以下五个方面的内容。

（一）确定与企业内部经营组织形式相关的财务管理体制类型

各企业的生产技术特点和经营规模的大小不尽相同，因而，各企业内部的经营组织形式也就有所不同，不同的企业内部经营组织形式决定了不同的内部财务管理体制。

（二）确定与企业内部各财务管理单位的经济责任相适应的财务责任

企业内部各财务管理单位承担的经济责任不同，其财务责任也应有所区别。因而，完全独立生产经营的成员企业，在财务上应该承担自负盈亏的责任；而对于相对独立生产经营的内部单位，应根据其是否具有相对独立的生产经营能力来确定其财务责任，并以指标分解的形式落实。例如，在资金管理方面，要为企业内部各部门、各层级核定流动资金占用额、利用效果和费用定额指标。车间、仓库对占用的流动资金要承担一定的经济责任并定期进行考核，对超计划占用的流动资金应支付相应的利息。同时，应为各部门核定收入和支出的指标，将收入对比支出，确定经营成果，并将成本或费

用指标分解落实到各车间和部门，作为支出的计划指标。各车间生产的产品和半成品以及各部门提供的劳务均应按照内部结算价格结算支付，作为车间和各部门的收入指标；在利润管理方面，应将企业利润分解，以确定内部利润，使车间、部门利润与企业利润相挂钩。

（三）确定与企业内部财务管理单位财务责任大小相一致的财务权限

由于部分内部成员企业能够承担自负盈亏的责任，应该给予其独立进行筹资、投资、成本费用开支与收益分配的财权；对于相对独立的企业内部各部门则应分别给予投资决策权、内部利润取得与分配权以及成本费用的开支与控制权。

（四）根据内部结算价格计价结算，确定各单位履行职责的好坏

企业内部的材料和半成品的领用、使用，劳务，半成品和成品的转移等，都要按照实际数量和内部转移价格进行结算，并且采用一定的结算凭证办理相关手续，以划清各自的收支，分清经济责任，便于奖惩，因而要求企业应制定完善的内部价格以及内部结算办法，并建立内部结算中心。

（五）根据承担的财务责任大小以及履行情况，确定物质利益的多少

自负盈亏的内部成员企业的工资总额应由该成员企业控制使用，税后利润除向企业集团交纳一定管理费用外，应由该成员企业按国家规定自主分配；而相对独立的内部单位的工资总额应由企业总部控制，与各单位完成责任指标挂钩的工资，可分别交由这些单位掌握使用，企业税后利润分配应统一由企业总部进行。

第四节　财务管理环境

任何事物都是在一定的环境条件下存在和发展的，都是一个与其环境相互作用、相互依存的系统，作为人类重要实践活动之一的财务管理活动也不例外。在财务管理活动中，财务管理环境是指对财务主体的财务机制运行有直接影响的内外各种条件和因素。财务管理主体需要不断地对财务管理环境进行审视和评估，并根据其所处的具体财务管理环境的特点，采取与之相适应的财务管理手段和管理方法，以实现财务管理的目标。财务管理环境包括技术环境、经济环境、金融环境、法律环境等。

一、技术环境

技术环境是财务管理得以实现的技术手段和技术条件，它决定着财务管理的效率

和效果。目前，我国进行财务管理依据的会计信息是由会计系统提供的，占企业经济信息总量的 60%~70%。在企业内部，会计信息主要是提供给管理层决策使用，在企业业外部；会计信息则主要是为企业的投资者、债权人等提供服务。

目前，我国正全面推进会计信息化工作，力争通过 5~10 年的努力，建立健全会计信息化法规体系和会计信息化标准体系［包括可扩展商业报告语言（XBRL）分类标准］，全力打造会计信息化人才队伍，基本实现大型企事业单位会计信息化与经营管理信息化的融合，进一步提升企事业单位的管理水平和风险防范能力，做到数出一门、资源共享，便于不同信息使用者获取、分析和利用会计信息，进行投资和相关决策；基本实现大型会计师事务所采用信息化手段对客户的财务报告和内部控制进行审计，进一步提升社会审计的质量和效率；基本实现政府会计管理和会计监督的信息化，进一步提升会计管理水平和监管效能。通过全面推进会计信息化工作，使我国的会计信息化达到或接近世界先进水平。我国企业会计信息化的全面推进，必将促使企业财务管理的技术环境进一步完善和优化。

二、经济环境

经济环境包括经济体制、经济周期、经济发展水平、宏观经济政策、通货膨胀水平等。

（一）经济体制

不同经济体制下的企业财务管理有显著区别。经济体制是制约企业财务管理的重要环境因素之一。

经济体制是指在一定区域内（通常为一个国家）制定并执行经济决策的各种机制的总和。通常是一国国民经济的管理制度及运行方式，是一定经济制度下国家组织生产、流通和分配的具体形式，或者说就是一个国家经济制度的具体形式。社会的经济关系，即参与经济活动的各个方面、各个单位、各个个人的地位及其之间的利益关系，就是通过这样的体系表现出来的。

在改革开放以前，我国实行的是计划经济体制，企业没有经营管理的自主权，制约了经济的发展。经过 40 多年改革开放的实践和探索，我国正在建立和完善中国特色社会主义经济制度，即社会主义市场经济体制。

社会主义市场经济体制是指在社会主义国家的宏观调控下，使市场在资源配置中起基础性作用的经济体制，是社会主义生产关系借以实现的具体形式。社会主义市场经济是以公有制为主体、多种所有制经济共同发展的所有制结构相结合的市场经济，而不是建立在私有制基础上的市场经济。

我国对社会主义市场经济体制的基本框架做了如下规定。

（1）坚持以公有制为主体、多种经济成分共同发展的方针，进一步转换国有企业经营机制，建立适应市场经济要求，产权清晰、权责明确、政企分开、管理科学的现代企业制度。这是建立社会主义市场经济体制的基础和中心环节。

（2）建立全国统一开放的市场体系，实现城乡市场紧密结合、国内市场与国际市场相互衔接，促进资源的优化配置。

（3）转变政府管理经济的职能，建立以间接手段为主的完善的宏观调控体系，保证国民经济的健康运行。

（4）建立以按劳分配为主体，多种分配方式并存，体现效率优先、兼顾公平的个人收入分配制度，坚持让一部分地区、一部分人先富起来，走共同富裕道路。

（5）建立多层次的社会保障制度，为城乡居民提供同我国国情相适应的社会保障，以促进经济发展和保持社会稳定。

以上五个主要环节是相互联系和相互制约的有机整体，构成了社会主义市场经济体制的基本框架。

在中国社会主义初级阶段的经济制度下，企业既有了财务管理的自主权，又有了承担风险的责任。企业要根据经济发展的要求，独立自主地融资、投资、运用资金、分配资金，在激烈的市场竞争中，自主经营，自我约束，与社会共同进步，和谐发展。

（二）经济周期

在市场经济条件下，经济发展与运行带有一定的波动性。经济运行大体上会经历复苏、繁荣、衰退和萧条几个阶段的循环，这种循环叫作经济周期。在不同的经济周期，企业应采用不同的财务管理战略。

经济发展总是呈现周期性兴衰更替的变化，繁荣、衰退、萧条、复苏四个阶段循环。经济发展的这种规律性变化对企业理财活动有重要影响。在经济发展处于衰退、萧条阶段时，由于整个宏观经济不景气，产销量下跌，资金周转困难，投资机会减少，紧缩便会成为企业的明智之举。在经济发展处于复苏、繁荣阶段时，市场需求旺盛，预期销量上升，前景乐观，企业投资急剧膨胀。因为经济发展的不规律性是客观存在的，所以财务人员对这种波动应事先做好准备，筹措并分配足量的资金，用以调整企业的生产经营活动。

（三）经济发展水平

财务管理水平是和经济发展水平密切相关的，经济发展水平越高，财务管理水平也越高。财务管理水平的提高，也有利于经济发展水平的进一步提高。

经济发展水平是一个相对的概念，发展程度不同的国家，对财务管理的影响也不同。发达国家的经济发展水平高，资本高度集中垄断，财务管理水平也比较高。这是因为：①经济发展水平的提高，必然创造出越来越多先进的理财方法；②经济生活中出现了许多新内容，更复杂的经济关系和更完善的生产方式决定了发达国家的财务管理内容不断创新；③计算、通信设备的不断更新，为财务管理创新创造了条件。

发展中国家的特征：基础较薄弱、发展速度较快、政策变更频繁、国际交往增多。这些因素决定了发展中国家财务管理的特征是：财务管理的总体水平在世界上处于中间地位，但发展速度较快；政策变更频繁，给企业理财造成困难；存在财务管理目标不明、方法简单等问题。不发达国家经济发展水平很低，企业规模小，组织结构简单，财务管理水平很低。

（四）宏观经济政策

宏观经济政策是指政府行使其管理职能而制定的影响经济运行的一系列方针和策略。企业作为市场的经济主体，必然受经济政策的影响和调控，进而使企业内部的筹资、投资和分配政策受到影响。政府对鼓励的行业将有较优惠的融资政策和税收政策，而对不扶持的行业将限制其投资规模和出台税收调节政策，这样必然影响企业的现金流入或流出量。企业的财务管理人员应对国家的经济政策进行认真研究，按照经济政策导向组织财务活动、处理财务关系，做到趋利避害。

不同的宏观经济政策对企业财务管理的影响不同。金融政策中的货币发行量、信贷规模会影响企业投资的资金来源和预期收益；财税政策会影响企业的资金结构和投资项目的选择等；价格政策会影响资金的投向和投资的回收期及预期收益；会计制度的改革会影响会计要素的确认和计量，进而对企业财务活动的事前预测、决策及事后的评价产生影响。

（五）通货膨胀水平

通货膨胀水平是指一般物价水平持续上涨引起货币的购买力下降。通货膨胀不仅使企业的购买力下降，而且给企业财务管理活动造成很大的困难。通货膨胀只能由政府通过宏观调控手段才能治理，企业自身对通货膨胀无能为力。因此，企业只能采取一定的理财手段调整其筹资、投资和分配政策，使企业的预期收益得以实现。同时，财务管理人员还要充分利用金融市场的期货、期权等交易，降低通货膨胀给企业带来的损失。

通货膨胀对企业财务活动的影响是多方面的。企业应当采取措施予以防范。在通货膨胀初期，货币面临着贬值的风险，这时企业进行投资可以避免风险，实现资本保值；与客户应签订长期购货合同，以减少物价上涨造成的损失；取得长期负债，保持资本成本的稳定。在通货膨胀持续期，企业可以采用比较严格的信用条件，减少企业债权；调整财务政策，防止和减少企业资本流失等。

三、金融环境

企业从事生产经营活动都需要资金参与运作。而企业的资金来源除了投资者投入外，主要从金融市场筹措取得。因此，金融环境的变化必然会影响企业资金的筹集、投放、营运和收回。从某种意义上来讲，金融环境是企业财务管理最重要的外部环境。

（一）金融机构、金融工具与金融市场

1. 金融机构

金融机构主要是银行业金融机构和非银行金融机构。银行业金融机构有商业银行，即中国工商银行、中国银行、中国农业银行、中国建设银行、交通银行、招商银行、民生银行、中信银行等；政策性银行，即中国进出口银行、国家开发银行等。非银行金融机构有金融资产管理公司、信托投资公司、财务公司和金融租赁公司等。

2. 金融工具

金融工具是融通资金的双方在金融市场上进行资金交易、转让的工具，具体分为基本金融工具和金融衍生工具两大类。

基本金融工具是指形成一个企业的金融资产，并形成其他单位的金融负债或权益工具的合同。如甲公司发行公司债券，形成了本企业的金融负债，乙公司购买了甲公司的债券，形成了乙公司的金融资产；甲公司发行普通股股票，形成了甲公司的权益工具，乙公司购买了甲公司的股票，形成了乙公司的金融资产。

金融衍生工具也叫衍生金融资产，是以货币、债券、股票等基本金融工具为基础而创新出来的金融工具，它以另一些金融工具的存在为前提，以这些金融工具为买卖对象，价格也由这些金融工具决定。具体而言，金融衍生工具包括远期、期货、互换或期权合约，或具有相似特征的其他金融工具。

3. 金融市场

金融市场是指资金供应者和资金需求者双方通过一定的金融工具进行交易而融通资金的场所。金融市场是指市场资金流动的场所，包括实物资金和货币资金的流动。广义的金融市场交易的对象包括货币借贷、票据承兑和贴现、有价证券的买卖、黄金和外汇买卖、办理国内外保险、生产资料的交换等。狭义的金融市场一般是指有价证券市场，即股票与债券的发行和买卖市场。

金融市场交易的是特殊的金融商品，其交易的最终结果都是资金使用权的转移，因此，在金融市场中取得货币资金使用权要付出一定的代价，或出让资金使用权应取得一定的报酬，这是通过利率或收益率来计算的，这里的利率和收益率就是金融市场的价格。利率是利息与本金的百分比。资金作为一种特殊的商品，以利率为价格标准

的资金融通行为实质上是资源通过利率实行再分配。金融市场利率的高低在企业资金分配以及财务决策中起着决定性作用。

对企业的财务管理人员来讲，要尽可能预测出未来市场利率的发展趋势，在利率持续上升时使用长期资金，在利率持续下降时使用短期资金，以达到合理使用和搭配资金的目的。

（二）金融市场的分类

金融市场可以按照不同的标准进行分类，如按期限、功能、融资对象、交易金融工具的属性或地理范围等标准分类。按期限可分为短期金融市场和长期金融市场，即货币市场和资本市场；按证券交易的模式可分为初级市场和次级市场，即发行市场和流通市场；按交易金融工具的属性可分为股票市场、债券市场、货币市场、外汇市场、期货市场、期权市场，前三者又称为"有价证券市场"，后两者又称为"保值市场"；按组织方式的不同可分为场内交易市场和场外交易市场。

（三）货币市场

货币市场是交易期限在一年以内的金融市场，其主要功能是调节短期资金融通。货币市场的特征是融资期限短，信用工具流动性强，其功能在于满足交易者的资金流动性需求。货币市场主要有短期存贷市场、银行同业拆借市场、商业票据贴现市场、大额定期存单市场和短期债券市场等。

（四）资本市场

资本市场是交易期限在一年以上的金融市场，其主要功能是实现企业长期资本融通和政府弥补赤字的资金需求，它是实现长期资本融通的场所。资本市场包括长期存贷市场和股票、长期债券等有价证券市场。

（五）利率

利率是利息占本金的百分比指标，从资金的借贷关系来看，利率是一定时期内运用资金资源的交易价格。利率通常由纯利率、通货膨胀补偿率和风险收益率三部分组成。

四、法律环境

（一）法律环境的范畴

市场经济是法制经济，企业的经济活动总是在一定法律规范内进行的。法律既约束企业的非法经济行为，也为企业从事各种合法经济活动提供保护。

（二）法律环境对企业财务管理的影响

法律环境对企业的影响是多方面的，影响范围包括企业组织形式、公司治理结构、投融资活动、日常经营、收益分配等。不同种类的法律，分别从不同方面约束企业的经济行为，对企业财务管理产生影响。

市场经济是一种以法律规范和市场规则为特征的经济制度。法律为企业经营活动规定了活动空间，也为企业在相应空间内自主经营提供了保护。财务管理的法律环境是指企业和外部发生经济关系时应遵守的各种法律、法规与规章制度。企业要想顺利从事生产经营和处理好各种经济关系，必须遵守相关法律规范。影响企业财务管理活动的法律规范主要有企业组织法律规范、税收法律规范和财务会计法律规范。

1. 企业组织法律规范

企业是市场经济的主体，企业组织必须依法成立。组建不同的企业，要依据不同的法律规范，这些法律规范既是企业的组织法又是企业的行为法。企业组织依据的主要法律有《中华人民共和国公司法》《中华人民共和国个人独资企业法》《中华人民共和国合伙企业法》《中华人民共和国外资企业法》。

例如，《中华人民共和国公司法》对公司制企业的设立条件、设立程序、组织机构、组织变更及终止的条件和程序等都做了相应规定，包括股东人数、法定资本的最低限额、资本筹集方式等。只有按法律规定的条件和程序建立的企业，才能称为"公司"。《中华人民共和国公司法》还对公司生产经营的主要方面做出了规定，包括股票的发行和交易、债券的发行和转让、利润的分配等。公司组建后的各项生产经营活动都要按照《中华人民共和国公司法》的有关规定来进行。因此，《中华人民共和国公司法》是公司制企业财务管理最重要的强制性法律规范。

2. 税收法律规范

国家财政收入的主要来源是企业缴纳的各种税金，任何企业都有义务上缴税收。而国家的财政状况与财政政策对于企业筹集资金和税收负担有着重要影响。有关税收法律规范主要有三类，即所得税的法律规范、流转税的法律规范、其他税的法律规范。无论缴纳哪一种税，对企业来说都是企业的资金流出，都会加大企业对现金管理的压力，对财务管理有重要影响。企业财务管理人员要熟悉国家税收法规，自觉按照税收政策导向进行生产经营活动，精心安排和规划筹资、投资与利润分配。

3. 财务会计法律规范

财务会计法律规范主要有《企业财务通则》《企业财务制度》《企业会计制度》以及具体的会计准则。它们是企业从事财务活动、实施财务管理的基本规范。

除了上述法律规范，与企业财务管理有关的其他经济法律规范还有很多，包括《中华人民共和国证券法》《支付结算办法》等。财务管理人员要在知法守法的前提下，进行财务管理活动，实现财务管理目标。

第二章　企业财务管理的价值观念和分类

第一节　财务管理的价值观念

　　财务管理的价值观念是指财务活动主体在进行财务决策和实施财务决策过程中应具备的价值理念，主要包括资金时间价值观念和风险价值观念。

一、资金时间价值观念

（一）资金时间价值的概念

　　资金时间价值是指一定量资金在不同时点上的价值量差额，也被称为"货币的时间价值"。资金的时间价值来源于资金进入社会再生产过程后的价值增值。资金周转使用的时间越长，获得的利润越多，实现的增值额就越大。资金时间价值的实质，是资金周转使用后的增值额。也就是说，不是所有的货币都具有时间价值，只有在循环和周转中的资金，其总量才会随着时间的延续呈几何级数增长，才会具有时间价值。通常情况下，它相当于没有风险也没有通货膨胀情况下的社会平均利润率，是利润平均化规律发生作用的结果。

　　资金时间价值对于整个企业的财务管理有着极其重要的意义，主要表现为以下几点。

　　第一，便于不同时点上单位货币价值量的比较。不同时点上单位货币的价值不同，因而对于不同时间的货币收入不宜直接进行比较，只有把它们换算到相同的时间基础上，才能进行数量比较和比率计算。

　　第二，它是做出正确财务决策的前提。资金时间价值是现代财务管理的重要价值基础。它要求合理地节约使用资金，加速资金的周转，以实现更多的资金增值。每个企业在投资某个项目时，至少要取得社会平均资金利润率，否则不如投资其他的项目或其他的行业。因此，资金时间价值是评价投资方案的基本标准，在进行财务决策时，资金时间价值是一项重要的因素。

（二）资金时间价值的表示

资金时间价值可以用绝对数——收益额来表示，也可以用相对数——收益率来表示。

1. 以收益额来计量

利息是指资金注入并回收时带来的收益额，一般是指借款人（债务人）因使用借入货币或资本而支付给贷款人（债权人）的报酬，是资金所有者由于借出资金而取得的报酬。它是生产者使用该笔资金并发挥营运职能而形成的利润的一部分。

从本质上看，利息是对贷款产生利润的一种再分配。在经济研究中，利息常常被看作资金的机会成本。这是因为如果放弃对资金的使用权力，相当于失去得到收益的机会，也就相当于付出了一定的代价。比如，资金一旦用于投资，就不能用于现期消费，而牺牲现期消费又是为了能在将来得到更多的消费，从投资者的角度来看，利息体现为对放弃现期消费的损失所做的必要补偿。所以，利息就成了投资分析平衡现在与未来的杠杆。投资这个概念本身就包含着现在和未来两个方面的含义，事实上，投资就是为了在未来获得更大的回报而对目前的资金进行的某种安排，很显然，未来的回报应当超过现在的投资，正是这种预期的价值增长刺激着人们从事投资。因此，利息是指占用资金所付的代价或者是放弃现期消费所得的补偿。

2. 以收益率来计量

资金时间价值收益率可以从两个方面进行衡量：理论上，资金时间价值相当于没有风险、没有通货膨胀条件下的社会平均利润率；实际上，购买政府债券（国库券）几乎没有风险，因此，在通货膨胀率很低时，可以用政府债券利率来表示资金时间价值。

其他各种收益率，如贷款利率、债券率、股利率等，除包括资金时间价值外，还包括风险价值和通货膨胀因素。

因为利率还包括风险价值和通货膨胀因素，所以作为资金时间价值的表现形态的利率小于社会资金利润率。

利率是各国发展国民经济的杠杆之一，利率的高低由如下因素决定：第一，利率的高低首先取决于社会平均利润率，并随之变动，在通常情况下，平均利润率是利率的最高界限，因为如果利率高于利润率，借款者就会因无利可图而放弃借款；第二，在平均利润率不变的情况下，利率高低取决于金融市场上借贷资本的供求情况，借贷资本供过于求，利率便下降，反之利率便上升；第三，借出资本要承担一定的风险，而风险大小也会影响利率的波动，风险越大，利率也就越高；第四，通货膨胀对利息的波动有直接影响，资金贬值往往会使利息无形中成为负值；第五，利率高低还受借出资本的期限长短影响，贷款期限长，不可预见因素多，风险大，利率也就高，反之，利率就低。

（三）资金时间价值的计算

资金具有时间价值，因此，同一笔资金在不同时间的价值也并不相同。计算资金时间价值，其实就是换算不同时点上的资金价值。它具体包括两个方面的内容：一方面是计算终值，即现在拥有的一定数额的资金，在未来某个时点将变成多少数额的资金；另一方面是计算现值，即未来时点上拥有的一定数额的资金，相当于现在多少数额的资金。

资金时间价值有两种计算方法：一是只就本金计算利息的单利法，二是本金、利息都能生利的复利法。在计算资金时间价值时，"现值"和"终值"是两个重要的概念，它们表示了不同时期的资金时间价值。具体而言，"现值"又称"本金"，是指资金现在的或当前的价值。"终值"又称"本利和"，是指资金经过若干时期后，包括本金和时间价值在内的未来价值。通常有单利终值与单利现值、复利终值与复利现值、年金终值与年金现值。

1. 单利终值与单利现值

单利是指只对借贷的原始金额或本金支付（收取）的利息。我国商业银行一般按照单利计算存贷款利息。

2. 复利终值与复利现值

复利是计算利息的一种方法。按照这种方法，每经过一个计息期，要将所生利息加入本金再计利息，逐期滚算，俗称"利滚利"。这里所说的计息期是指相邻两次计息的时间间隔，如年、月、日等。除非特别指明，计息期一般为 1 年。

（1）复利终值。复利终值是指一定数量的本金在一定利率下按照复利的方法计算出的若干时期以后的本金和利息。

（2）复利现值。复利现值是复利终值的对称概念，它是指未来一定时间内的特定资金按复利计算的当前价值，或者说是为了在未来取得一定本利和需要在当前投入的本金。

（3）名义利率与实际利率。复利的计息期不一定总是一年，有可能是季度、月或日。当利息在一年内要复利几次时，给出的年利率叫作名义利率。当一年内复利几次时，实际得到的利息要比按名义利率计算的利息高。

3. 年金终值与年金现值

年金是指一定时期内一系列相等金额的收付款项，如分期付款赊购商品、分期等额偿还贷款、发放养老金、支付租金、提取折旧等都属于年金收付形式。按照收付的次数和支付的时间划分，年金可以分为普通年金、先付年金、递延年金和永续年金。

（1）普通年金。普通年金是指每期期末有等额的收付款项的年金，又称"后付年金"。

普通年金终值是指一定时期内每期期末等额收付款项的复利终值之和，普通年金现值是指一定时期内每期期末等额收付款项的复利现值之和。

（2）先付年金。先付年金是指每期期初有等额的收付款项的年金，又称"预付年金"。

先付年金终值是指一定时期内每期期初等额收付款项的复利终值之和，先付年金现值是指一定时期内每期期初等额收付款项的复利现值之和。

（3）递延年金。递延年金是指第一次收付款发生时间是在第二期或者第二期以后的年金。

递延年金终值的计算方法与普通年金终值的计算方法相似，其终值的大小与递延期限无关。递延年金现值是自若干时期后开始每期款项的现值之和。

（4）永续年金。永续年金是指无限期支付的年金，如优先股股利。

永续年金持续期无限，没有终止时间，因此没有终值，只有现值。永续年金可视为普通年金的特殊形式，即期限趋于无穷大的普通年金。

二、风险价值观念

风险价值是现代财务管理的基本概念之一，企业很多财务决策均要考虑风险价值因素，因此，熟练掌握风险价值的计量及应用是财务管理人员必须具备的基本技能。

（一）风险的概念及分类

1. 风险的概念

一般来说，风险是指在一定条件下和一定时期内可能发生的各种结果的变动程度。在风险存在的情况下，人们只能事先估计到采取某种行动可能导致的结果以及每种结果出现的可能性，而对于行动的真正结果究竟会怎样，不能事先确定。例如，预计一个投资项目的报酬时不可能十分精确，也没有百分之百的把握。有些事情的未来发展变化事先不能被确知，如价格、销量、成本等都可能发生预想不到并且无法控制的变化。

风险是事件本身的不确定性，具有客观性。投资者在进行投资时，不同投资项目的风险程度是不同的。比如，购买国库券收益稳定，且到期一定能够收回本息，风险较小，但是如果投资于股票，其收益的不确定性就高，且一旦从事了该项投资，风险的大小也就无法改变，具有客观性。也就是说，特定投资的风险大小是客观的，而你是否去冒风险以及冒多大风险，是可以选择的，是主观的。在实务中对风险和不确定性往往不做区分，统称为"风险"。某一行动的结果具有多种可能而不能被肯定，就叫有风险；而某一行动的结果令人十分肯定，就叫无风险。

风险是可以控制的。在采取行动之前，可以测算该行动可能产生的风险程度，根据抗风险能力、心理承受能力等多种因素，选择风险程度适宜的行动方案；在行动进行中，可以通过对行动方案的不断调节和严格的制度保证，来控制行动风险程度。例如，对于负债带来的财务风险，可以通过根据企业经营的实际情况，选择适应企业的负债程度加以控制，当企业举债程度确定后，还可以通过改善企业现金流转的措施，提高企业的支付能力，控制企业的债务风险。

2. 风险的分类

（1）从投资主体的角度来看，风险分为两类。一是市场风险。市场风险是指那些对所有企业产生影响的因素引起的风险，如战争、自然灾害、经济衰退、通货膨胀等。这类风险涉及所有企业，不能通过多角化投资来分散，因此又称"不可分散风险"或"系统风险"。对于这类风险，投资者只能根据承担的风险程度要求相应的报酬。二是公司特有风险。公司特有风险是指发生于个别企业的特有事项造成的风险，如罢工、诉讼失败、失去销售市场、新产品开发失败等。从投资者的角度来看，这类事件是随机发生的，因而可以通过多元化投资来分散，即发生于一家公司的不利事件可以被其他公司的有利事件所抵消。这类风险也称"可分散风险"或"非系统风险"。例如，在证券投资上，同时购买若干种股票的风险比只购买一种的风险小。又如，在企业的经营中，在资源允许的前提下，同时经营不同投资项目的风险，比只经营一种投资项目的风险小。因此，分散化投资更安全。

（2）从企业本身来看，风险可分为两类。一是经营风险。经营风险是指生产经营方面的原因给企业盈利带来的不确定性。经营风险是任何商业活动都有的，也称为"商业风险"。企业生产经营的许多方面都会受到企业外部和内部诸多因素的影响，具有很大的不确定性。经营风险主要来自以下几个方面。首先是市场销售。市场需求、市场价格、企业生产数量的不确定，尤其是竞争使供产销不稳定，加大了风险。其次是生产成本。原料的供应和价格、工人和机器的生产率、工人的工资和奖金，都是不确定的因素，因而会产生风险。再次是生产技术。设备事故、产品质量问题、新技术的出现等不好预见，会产生风险。最后是其他因素。对于外部的环境变化，如天灾、经济不景气、通货膨胀、有协作关系的企业没有履行合同等，企业自己不能左右，因而会产生风险。二是财务风险。财务风险又称"筹资风险"，是指举债给企业财务成果带来的不确定性。企业举债经营，即全部资金中除自有资金外，还有一部分借入资金，这会对自有资金的盈利能力造成影响；同时，借入资金需还本付息，一旦无力偿付到期债务，企业便会陷入财务困境甚至破产。当企业息税前资金利润率高于借入资金利息率时，使用借入资金获得的利润除补偿利息外还有剩余，因而使自有资金利润率提高。但是，若企业息税前资金利润率低于借入资金利息率，这时，使用借入资金获得的利润不够支付利息，还需动用自有资金的一部分利润来支付利息，从而使自有资金利润率降低。如果企业息税前利润还不够支付利息，就要用自有资金来支付，使企业发生亏损。若企业亏损严重，财务状况恶化、丧失支付能力，就会出现无法还本付息甚至破产的危险。总之，由于许多因素的影响，企业息税前资金利润率和借入资金利息率差额具有不确定性，从而会引起自有资金利润率的高低变化，这种风险即筹资风险。这种风险程度的大小受借入资金与自有资金比例的影响，借入资金比例大，风险度就会随之增高；借入资金比例小，风险程度也随之降低。对财务风险的管理，关键是要保证有一个合理的资金结构，维持适当的负债水平，既要充分利用举债经营这一手段获取财务杠杆收益，提高自有资金的盈利能力，又要注意防止过度举债而引起的财务风险的加大，避免陷入财务困境。

（二）风险的衡量

风险具有普遍性和广泛性，因此，正视风险并将风险程度量化，成为企业财务管理中的一项重要工作。衡量风险大小需要使用概率和统计方法。某一事件在相同的条件下可能发生也可能不发生，这类事件被称为"随机事件"。概率就是用百分数或小数来表示随机事件发生的可能性大小，或出现某种结果的可能性大小。

概率分布有两种类型：一种是离散型概率分布，即概率分布在几个特定的随机变量点上，概率分布图出现几条个别的直线；另一种是连续型概率分布，即概率分布在一定区间的连续各点上，概率分布图由一条曲线形成。

（三）风险报酬的计算

风险与收益是一种对称关系，高风险可能伴随着高收益，低风险意味着低收益。企业的财务管理工作几乎都是在风险中和不确定的情况下进行的。如果离开了风险因素，就无法正确评价企业报酬的高低。

1.投资报酬率的构成

投资报酬率主要包括无风险投资报酬率、风险投资报酬率和通货膨胀补偿。

（1）无风险投资报酬率：这部分是确定的，与投资时间长短相关，一般是指资金时间价值，通常用短期政府国库券的报酬率表示。

（2）风险投资报酬率：这是与投资风险大小相关的报酬率，是对投资者冒风险进行投资的补偿，是投资者获得的超过资金时间价值的额外报酬。

（3）通货膨胀补偿：这是投资者在发生通货膨胀时因货币贬值带来的损失而得到的一部分补偿。

2.资本资产定价模型

（1）马科维茨的资产组合理论。对于资产组合投资者而言，资产组合有有效资产组合和无效资产组合之分。有效资产组合的定义是：风险相同但预期收益率最高，或预期收益率相同但风险最小的资产组合。这也是马科维茨的均值—方差分析原理，即理性投资者应该投资于有效资产组合，而不是其他资产组合。

假设投资者可以投资于无风险资产——短期国库券，那么投资者的投资将会发生一些变化。将无风险资产引入资产组合，则新构成的资产组合就是由一种无风险资产和一种风险资产构成的特定组合。

一种无风险资产——国债。

一种风险资产——股票。

这是股票市场所有资产的组合，在一定意义上可以代表社会所有风险资产的集合。这样的风险资产组合被称为"市场组合"。

（2）资本资产定价模型的前提假设。资本资产定价模型是关于资本市场理论的模型，它是在马科维茨的资产组合理论的基础上发展起来的。马科维茨的资产组合理论通过数学规划的原则，系统阐述了如何通过有效的分散化来选择最优的投资组合。但这一理论具有一定的局限性，即偏重规范性分析而缺乏实证性分析。例如，在资产投资组合分析中，投资者不知道证券该分散到何种程度才能达到高收益、低风险的最佳组合。为了解决这些问题，威廉·夏普、约翰·林特纳和简·莫森提出了一种研究证券价格决定的模型——资本资产定价模型。

我们用"如果怎么，那么就会怎么"这样的逻辑思维方式来推导资本资产定价模型。"如果"部分描绘的是一个简化了的世界，通过"如果"部分的诸多假定建立一个非现实的理想世界，将有助于我们得到"那么"部分的结论。在得到简单情形结论的基础上，我们再加上复杂化的条件，对环境因素进行合理修正，这样一步一步地推进，观察最终的结论是如何从简单形式逐步过渡形成的，从而可建立起一个符合现实的、合理的并且易于理解的模型。

简单形式的资本资产定价模型的若干基本假定如下，这些基本假定的核心是尽量使个人投资者相同化，而这些个人投资者拥有不同的初始财富和风险偏好。我们将会看到，个人投资者相同化假设会使我们的分析简化且易于理解。

①投资者大量存在，每个投资者的财富相对于所有投资者的财富总和来说是微不足道的。所有投资者是价格的接受者，单个投资者的交易行为对证券价格不发生影响。这一假定与微观经济学中对完全竞争市场的假定是一样的。

②所有投资者都在同一证券持有期内计划自己的投资行为。这种行为是短视的，因为它忽略了在持有期结束的时点上任何事件的影响，短视行为通常是非最优行为。

③投资者的投资范围仅限于公开金融市场上交易的资产，如股票、债券等。这一假定排除了投资于非交易性资产，如教育（人力资本）、私有企业、政府基金资产（如

市政大楼、国际机场）等。此外，还假定投资者可以在固定的无风险利率基础上借入或贷出任何额度的资产。

④不存在证券交易费用（如佣金、服务费用等）及税收。当然，在实际生活中，我们知道投资者处于不同的税收等级，这会直接影响到投资者对投资资产的选择。例如，利息收入、股息收入、资本利得承担的税负不尽相同。此外，实际中的交易也发生费用支出，交易费用依据交易额度的大小和投资者的信誉度而定。

⑤所有投资者均是理性的，都追求投资资产组合的方差最小化，这意味着他们都采用马科维茨的资本资产定价模型。

⑥所有投资者对证券的评价和对经济局势的看法是一致的。这样，投资者对于有价证券收益率的概率分布期望也是一致的。也就是说，无论证券价格如何，所有投资者的投资顺序均相同，这符合资本资产定价模型。依据资本资产定价模型，给定一系列证券的价格和无风险利率，所有投资者的证券收益的期望收益率与协方差矩阵相等，从而产生了一个有效益边界的、独一无二的最优风险资产组合。这一假定也被称为"同质期望"。

（3）资本资产定价模型的结论。资本资产定价模型的若干假定代表着"如果怎么，那么就会怎么"分析中"如果"部分的内容。显然，这些假定忽略了现实生活中的诸多复杂现象。我们由此可以得出一个由假定的有价证券和投资者组成的均衡关系。

第二节 财务管理基本分类

财务管理主要包括财务管理的基本理论和筹资、投资、运营、成本、收入与分配管理，其中涉及预算与计划、决策与控制、财务分析等环节。本节我们主要将财务管理分成三类进行探究，分别为筹资管理、流动资产投资管理、销售收入与利润管理。

一、筹资管理

（一）筹资管理概述

1.企业筹资的意义和原则

资金是企业持续从事经营活动的基本条件。筹集资金是企业理财的起点。企业的创建必须筹集资金，进行企业的设立、登记，这样才能开展正常的经营活动；企业扩大生产经营规模，开发新产品，进行技术改造，也需筹集资金，用于追加投资。因而，资金融通即筹集资金，是决定资金规模和生产经营发展速度的重要环节。筹集资金直接制约着资金的投入和运用；资金运用关系到资金的分配；资金的分配，又制约着资金的再筹集与投入。

所谓筹资，就是企业从自身的生产经营现状及资金运用情况出发，根据企业未来经营策略和发展的需要，经过科学的预测和决策，通过一定的渠道，采用一定的方式，向企业的投资者及债权人筹集资金，组织资金的供应，保证企业生产经营客观需要的一项理财活动。

市场经济体制的建立，必然要求企业真正成为独立的经济实体，成为自主经营、自负盈亏的社会主义商品生产者和经营者。资金筹集是企业资金运动的起点。只有自主筹集资金，企业才能把握资金运用的自主权，真正实现自主经营、自我发展和自负盈亏，成为名副其实的具有充分活力与竞争力的市场主体。

企业在筹资过程中会面临许多问题，如何时筹资，通过什么渠道、采用什么方式进行筹资，以及筹资的数量、成本和资金的使用条件等，筹资工作必须对这些问题做出正确决策。为此，应遵循以下原则。

（1）合理性原则。企业筹资的目的在于确保企业生产经营必需的资金。资金不足，会影响企业的生产经营；资金过剩，则可能导致资金使用效果降低。所以，筹集资金应掌握一个合理界限，即保证企业生产经营正常、高效运行的最低需用量。

（2）效益性原则。企业在选择资金来源、决定筹资方式时，必须综合考虑资金成本、筹资风险、投资效益等诸多方面的因素。

资金成本也是指企业为取得某种资金的使用权而付出的代价。它是资金使用者支付给资金所有者的报酬及有关的筹措费用，包括借款利息、债券利息、支付给股东的股利，以及股票发行费、债券注册费等。资金成本是对筹资效益的一种扣除。

总之，不同筹资渠道、筹资方式的资金成本各不相同，取得资金的难易程度也不尽一致，企业承担的风险也大小不一。为此，筹资者应根据不同的资金需要与筹资政策，考虑各种渠道的潜力、约束条件、风险程度，把资金来源和资金投向综合起来，全面考察、分析资金成本率和投资收益率，力求以最少的资金成本实现最大的投资收益。

（3）科学性原则。科学地确定企业资金来源的结构，寻求筹资方式的最优组合，是企业筹资工作应遵循的又一重要原则。

企业资金包括自有资金和借入资金两部分。自有资金包括企业资本金、资本公积、盈余公积和留存盈利，借入资金通常包括短期负债及长期负债。在通常情况下，企业的生产经营不会以自有资金为唯一的资金来源，通过举债来筹集部分资金，是现实经济生活中客观存在的正常现象，这就是通常所说的举债经营。在企业风险程度已知、其他情况不变的条件下，负债比例越大，企业可能获得的利益也越大，随之而来的财务风险也就越大。因此，在筹资时应正确分析企业筹资的用途，决定筹资的类型。企业增加恒久性流动资产或增添固定资产时，则需筹措长期资金。长期资金是指供长期使用的资金，主要用于新产品的开发和推广、生产规模的扩大、厂房和设备的更新，一般需要几年甚至几十年才能收回。长期资金是企业为了将来能长期经营并不断地获得收益的支出，称为"资本性支出"。资本性支出与企业长期健康发展关系极大。企业未来的获利能力和经营成就在很大程度上取决于这类资金的筹措。短期资金是指供短期（一般为一年以内）使用的资金。短期资金主要用于现金、应收账款、材料采购、发放工资等，一般在短期内可以收回。

2. 企业筹资的渠道和方式

企业筹资的渠道是指企业取得资金的来源。企业筹资的方式是指企业取得资金的具体形式。企业筹集资金的渠道很多，包括财政资金、银行资金、非银行金融机构资金、其他企业资金、居民个人资金、企业内部资金、国外资金等。

3. 企业筹资的动机和要求

（1）企业筹资的动机。企业进行筹资是为了自身的生存与发展。企业筹资通常受一定动机的驱使。企业筹资的动机主要有扩张性动机、偿债性动机和混合性动机。企业财务人员应客观地评价筹资动机，预见各种筹资动机带来的后果。

①扩张性动机。扩张性动机是由企业因扩大生产规模而需要增加资产促成的。例如，企业在其产品寿命周期的开拓和扩张时期，往往需要筹集大量资金，尤其是长期资金。

②偿债性动机。企业为了偿还某些债务而筹资，这样的动机称为"偿债性动机"，即借新债还旧债。偿债性筹资可分为两种情况：一是调整性偿债筹资，即企业虽有足够的能力支付到期旧债，但为了调整原有的资本结构，仍然举债，从而使资本结构更加合理，这是主动的筹资策略；二是恶化性偿债筹资，即企业现有的支付能力已不足以偿还到期旧债，被迫举债还债，这种情况说明财务状况已经恶化。

③混合性动机。企业因同时需要长期资金和现金而形成的筹资动机称为"混合性动机"。通过混合性筹资，企业既扩大了资金规模，又偿还了部分旧债，即在这种筹资中混合了扩张性动机和偿债性动机两种动机。

（2）企业筹资的要求。企业筹资的总体要求是，要分析评价影响筹资的各种因素，讲究筹资的综合效果。具体要求主要有以下几点。

①合理确定筹资数量，努力提高筹资效果。企业在开展筹资活动之前，应合理确定资金的需要量，并使筹资数量与需要达到平衡，防止筹资不足影响生产经营或筹资过剩降低筹资效果。

②认真地选择筹资来源，力求降低资金成本。企业筹资可采用的渠道和方式多种多样，不同筹资方式的难易程度、资金成本和财务风险各不一样。

③适时取得资金来源，保证资金投放需要。对筹措取得的资金要按照资金的投放

使用时间来合理安排，使筹资与用资在时间上相衔接，避免筹取过早而造成投放前的闲置或筹取滞后而影响投放的有利时机。

4.资金需要量预测

企业筹集资金首先要对资金需要量进行预测，即对企业未来组织生产经营活动的资金需要量进行预测、估计、分析和判断。因为企业资金主要用在固定资产和流动资产上，而这两项资产的性质、用途和占用资金的数额都不相同，所以应予以分别测算。在企业正常经营的情况下，主要是对流动资金需要量进行预测。预测的方法通常分为如下两类。

（1）定性预测法。定性预测法是指根据调查研究掌握的情况和数据资料，凭借预测人员的知识和经验，对资金需要量进行判断。其一般在缺乏完备、准确的历史资料时被采用。预测的主要程序是：首先，由熟悉企业经营情况和财务情况的专家，根据其经验对未来情况进行分析判断，提出对资金需要量的初步意见；其次，通过各种形式进行讨论，如信函调查、开座谈会等形式；最后，参照本地区同类企业情况进行分析判断，得出预测结果。

（2）定量预测法。定量预测法是指以资金需要量与有关因素的关系为依据，在掌握大量历史数据资料的基础上，选用一定的数学方法加以计算，并将计算结果作为预测数的一种方法。定量预测法的种类有很多，如趋势分析法、相关分析法、线性规划法等。

（二）普通股筹资

普通股是股份有限公司的首要资本来源。在资产负债表的负债和所有者权益栏中，可能没有长期负债，没有优先股，但不可能没有股本金。

1.普通股的概念和种类

（1）普通股及其股东权利。普通股是股份有限公司发行的无特别权利的股份，也是最基本、最标准的股份。通常情况下，股份有限公司只发行普通股，发行普通股股票而筹集到的资金称为"股本"或"股本总额"，是公司资本的主体。

普通股持有人是公司的基本股东，一般具有如下权利。

①对公司的管理权。普通股股东具有对公司的管理权。对大公司来说，普通股股东数目多，不可能每个人都直接对公司进行管理。普通股股东的管理权主要体现在其在董事会选举中有选举权和被选举权，选举出的董事会代表所有股东对企业进行控制和管理。具体来说，普通股股东的管理权主要表现为投票权，即普通股股东有权投票选举公司董事会成员，并有权就修改公司章程、改变公司资本结构、批准出售公司某些资产、吸收或兼并其他公司等重大问题进行投票表决；有对公司账目和股东大会决议的审查权；有对公司事务的质询权。

②分享盈余的权利。分享盈余也是普通股股东的一项基本权利。盈余的分配方案由董事会决定，并由股东大会审议通过。

③出售或转让股份的权利。股东有权出售或转让股票，这是普通股股东的一项基本权利，但股份转让权的行使必须符合公司法和公司章程规定的条件、程序及其他法规。

④优先认股权。当公司增发普通股股票时，旧股东有权按持有公司股票的比例优先认购新股票。这主要是为了使现有股东保持其在公司股份中原来所占的百分比，以保证他们的控制权。同时，普通股股东也基于其资格，对公司承担义务。我国公司法中规定了股东具有遵守公司章程、缴纳股款、对公司负有限责任等义务。

（2）普通股的种类。股份有限公司根据有关法律法规的规定，以及筹资和投资者的需要，可以发行不同种类的普通股。

①按投资主体不同，可以分为国家股、法人股、个人股和外资股。国家股是有权代表国家投资的部门或机构以国有资产向公司投入而形成的股份；法人股是企业法人依法以其可支配的财产向公司投入而形成的股份，或具有法人资格的事业单位和社会团体以国家允许用于经营的资产向公司投入而形成的股份。

②按股票发行时的特别规定分类，如按股票有无记名，可以分为记名股票和不记名股票；按股票是否标明金额，可以分为有面值股票和无面值股票。

记名股票是在股票票面上记载股东姓名或名称的股票。这种股票除股票上记载的股东外，其他人不得行使其股权，且股份的转让有严格的法律程序与手续，需办理过户手续。

不记名股票是票面上不记载股东姓名或名称的股票。这类股票的持有人即股份的所有人，具有股东资格；股票的转让也比较自由、方便，无须办理过户手续。

有面值股票是在票面上标有一定金额的股票。持有这种股票的股东，对公司享有的权利和承担义务的大小，以其持有的股票票面金额占公司发行在外股票总面值的比例而定。

无面值股票是不在票面上标出金额，只载明所占公司股本总额的比例或股份数的股票。无面值股票的价值随公司财产的增减而变动，而股东对公司享有权利和承担义务的大小，直接依股票标明的比例而定。

③根据股票发行对象和上市地区，又可将股票分为 A 股、B 股、H 股和 N 股。

（3）普通股筹资的优缺点。与其他筹资方式相比，普通股筹资的优缺点较为明显。

①利用普通股筹资的主要优点。

第一，发行普通股筹集的资本具有永久性，无到期日，不需归还。这对保证公司对资本的最低需要、维持公司的长期稳定发展极为有益。

第二，公司没有支付普通股股利的法定义务。这使得公司可以根据具体情况行事。

由于没有固定的股利负担，股利的支付与否与支付多少，视公司有无盈利和经营需要而定，经营波动给公司带来的债务负担相对较小。

第三，发行普通股筹集的资本是公司最基本的资金来源。这反映了公司的实力，可作为其他方式筹资的基础，尤其可为债权人提供保障，提高公司的举债能力。

第四，由于普通股的预期收益较高并可在一定程度上抵消通货膨胀的影响（通常在通货膨胀期间，不动产升值时股票也随之升值）。

第五，如果不受有关法律法规限制，公司可用普通股的买进或卖出来临时改变公司资本结构。例如，在公司盈利较高时，为防止现金的大量流失，公司可以在未公布盈利前，在市场上购买自己的普通股，作为库藏股储存起来；在公司经营不景气致使普通股市价下跌时，如果公司预测未来经营情况良好，也可以购进自己的股票储存起来，等盈利增多时再予以抛售。

②利用普通股筹资的主要缺点。

第一，筹资的资本成本较高。首先，在筹措普通股时发生的费用（如包销费）较高；其次，从投资者角度而言，投资于普通股风险较高，因而相应地要求有较高的投资报酬率。

第二，以普通股筹资会增加新股东，这可能分散公司的控制权。

2. 普通股股票及其发行上市

（1）股份有限公司成立的方式有两种：发起式和募集式。采用发起式成立公司时，公司股份由发起人认购，不向发起人以外的任何人募集股份，而且只能发行股权证，不能发行股票；采用社会公众募集式设立的公司，其股份除发起人认购外，其余股份应向公众公开发行。以募集式设立的公司只能发行股票，不能发行股权证。

①普通股股票的票面要素。普通股股票可以随时进行转让和买卖，是一种长期性的有价证券，因此对股票的印制有严格的质量要求，必须事先经人民银行审定后在指定的印刷厂印制，但近年来逐渐趋向于"无纸化"。

股票票面要素必须足以表明股份公司的基本情况和发行股票的基本情况。其中包括以下几种。

a. 发行股票的公司名称、住所，并有董事长签名和公司盖章。

b. 股票字样，包括标明"普通股"字样。

c. 公司设立登记或新股发行的变更登记的文号及日期。

d. 股票面值和股票发行总数。

e. 股东姓名或名称。

f. 股票号码。

g. 发行日期。

h. 股票背面简要说明（如股息、红利分配原则和股东权益及义务，转让、挂失、过户的规定等）。

②普通股股票的发行。在我国，发行股票应接受国务院证券委员会和中国证券监督管理委员会的管理与监督。股票发行的管理规定主要包括股票发行的条件、发行的程序、销售方式等。

A. 股票发行的条件。按照我国公司法的有关规定，股份有限公司发行股票，应符合以下条件。

a. 每股金额相等。同次发行的股票，每股发行条件与价格应相同。

b. 股票发行价格可按票面金额而定，也可以超过票面金额，但不得低于票面金额。

c. 股票应当载明公司名称、公司登记日期、股票种类、票面金额，以及代表的股份数、股票编号等主要事项。

d. 公司发行记名股票的，应当置备股东名册，记载股东的姓名或者名称、住所，各股东所持股份，各股东所持股票编号，各股东取得其股份的日期。

e. 公司发行新股，必须具备一定条件（前一次发行的股份已募足，并间隔 1 年以上；公司在最近 3 年内连续盈利，并可以向股东支付股利；公司在 3 年内财务会计文件无虚假记载；公司预期利润率可达同期银行利率）。

f. 公司发行新股，应由股东大会做出有关事项的决议（新股种类及数额，新股发行价格，新股发行的起止日期，向原有股东发行新股的种类及数额）。

B. 股票发行的程序。如前所述，股份有限公司既可以在设立时发行股票，也可以增资发行新股，两者在程序上有所不同。

a. 设立时发行股票的程序。设立时发行股票的程序分为以下五步。

第一，提出募集股份申请。股份有限公司的设立必须经过国务院授权的部门或者省级人民政府的批准。发起人在递交募股申请时，还要报送下列主要文件以备审查：批准设立公司的文件；公司章程；经营结算书；发起人的姓名或名称，认购的股份数，出资种类及投资证明；招股说明书；代收股款银行的名称和地址；承销机构的名称及有关协议。

第二，公告招股说明书，制作认股书，签订承销协议和代收股款协议。募股申请获得批准后，发起人应在规定期限内向社会公告招股说明书。招股说明书应附有发起人制定的公司章程，并载明发起人认购的股份数、每股的票面金额和发行价格、无记名股票的发行总数、认股人的权利和义务、本次募股的起止期限及逾期未募足时认股人可撤回所认股份的说明等事项。我国不允许股份公司自己发行股票。发起人向社会公开募集股份，应当与依法设立的证券经营机构签订协议，由证券经营机构承销股票。承销协议应载明当事人的姓名、住所及法定代表人的姓名，承销方式，承销股票的种类、数量、金额及发行价格，承销期，承销付款的日期及方式，承销费用，违约责任，等等。

第三，招认股份，收缴股款。发起人或承销机构通常以广告或书面通知的方式招募股份。认购人认股时，需填写认股书。认购人填写了认股书，便承担按认股书约定缴纳股款的义务。

第四，召开创立大会，选举董事会、监事会。募足股款后，发起人应在规定的期限内主持召开创立大会。创立大会由认股人组成，应有代表股份半数以上的认股人出席。

第五，办理设立登记，交割股票。经创立大会选举产生的董事会，应在规定期限内办理公司设立的登记事项。

b. 增资发行新股的程序。增资发行新股的程序也分为以下五步。

第一，由股东大会做出发行新股的决议。决议包括新股种类及数额，新股发行的价格，新股发行的起止日期，向原有股东发行新股的种类及数额。

第二，由董事会向国务院授权的部门或省级人民政府申请并经批准。属于向社会公开募集的，应经国务院证券管理部门批准。

第三，公司经批准向社会公开发行新股时，必须公告新股招股说明书和财务报表及附属明细表，并制作认股书。

第四，招认股份，收缴股款。

第五，改组董事会、监事会，办理变更登记并向社会公告。

C. 股票的销售方式。股票的销售方式指的是股份有限公司向社会公开发行股票时采取的股票销售方法，具体分为自销方式和承销方式两类。

自销方式是指股票发行公司直接将股票销售给认购者。这种销售方式可由发行公司直接控制发行过程，实现发行意图，并节省发行费用，但往往筹资时间较长，发行公司要承担全部发行风险，并需要发行公司有较高的知名度、信誉和较强的实力。

承销方式是指发行公司将股票销售业务委托证券经营机构代理。这种方式是发行股票普遍采用的。我国公司法规定，股份有限公司向社会公开发行股票时，必须与依法设立的证券经营机构签订承销协议，由证券经营机构承销。

股票承销又分为包销和代销两种具体办法。所谓包销，是指根据承销协议商定的价格，证券经营机构一次性购进发行公司公开募集的全部股份，然后以较高价格出售给社会上的认购者。所谓代销，是指证券经营机构仅替发行公司代售股票，并由此获取一定佣金，但不承担股款未募足的风险。

（2）股票上市的目的与条件。股票上市是指股份有限公司公开发行的股票经批准在证券交易所进行挂牌交易。经批准在交易所交易的股票称为"上市股票"。按照国际通行做法，非公开募集发行的股票或未向证券交易所申请上市的非上市证券，应在证券交易所外的店头市场（Over the Counter market，OTC market）上流通转让。

①股票上市的目的。股份公司申请股票上市，一般是出于以下目的。

第一，资本大众化，分散风险。股票上市后，会有更多的投资者认购公司股份，公司则可将部分股份转售给这些投资者，再将得到的资金用于其他方面，这就分散了公司的风险。

第二，提高股票的变现力。股票上市后便于投资者购买，自然提高了股票的流动性和变现力。

第三，便于筹措资金。股票上市必须经过有关机构的审查批准并接受相应的管理，并执行各种信息披露和股票上市的规定，这就大大增强了社会公众对公司的信赖，使其乐于购买公司的股票。

第四，提高公司知名度，吸引顾客。股票上市为社会公众所知，并被认为经营优良，会给公司带来良好声誉，吸引更多的顾客，从而扩大销售。

第五，便于确定公司价值。股票上市后，公司股价有市价可循，便于确认公司的价值，有利于促进公司财富的最大化。

②股票上市的条件。公司公开发行的股票进入证券交易所挂牌买卖（股票上市），须受严格的条件限制。根据有关规定，股份有限公司申请其股票上市，必须符合下列条件。

第一，股票经国务院证券管理部门批准后方能向社会公开发行，不允许公司在设立时直接申请股票上市。

第二，公司股本总额不少于人民币 5 000 万元。

第三，开业时间在 3 年以上、最近 3 年连续盈利、属国有企业依法改建而设立股份有限公司的，或者在公司法实施后新组建成立、其主要发起人为国有大中型企业的股份有限公司，可连续计算。

第四，持有股票面值人民币 1 000 元以上的股东不少于 1 000 人，向社会公开发行的股份达到股份总额的 25% 以上。

第五，公司在最近 3 年内无重大违法行为，财务会计报告无虚假记录。

此外，股票上市公司必须公告其上市报告，并将其申请文件存放在指定的地点供公众查阅。股票上市公司还必须定期公布财务状况和经营情况，每会计年度内半年公布一次财务会计报告。

（3）股票上市的暂停与终止。股票上市公司有下列情形之一的，由国务院证券管理部门决定暂停其股票上市。

第一，公司股本总额、股权分布等发生变化并不再具备上市条件（在规定限期内未能消除的，终止其股票上市）。

第二，公司不按规定公开其财务状况，或者对财务报告作虚假记录（后果严重的，终止其股票上市）。

第三，公司有重大违法行为（后果严重的，终止其股票上市）。

第四，公司最近3年连续亏损（在规定期限内未能消除，终止其股票上市）。

第五，公司决定解散，被行政主管部门依法责令关闭或者宣告破产的，由国务院证券管理部门决定终止其股票上市。

（三）资本金制度

1.建立资本金制度的意义

资本金制度是国家围绕资本金的筹集、管理以及所有者的责任、权利等方面所做的法律规范。

资本是商品经济高度发达的产物，是企业从事生产经营活动的基本条件，它始终寓于社会再生产的运动之中，并不断实现资本增值。随着我国经济体制改革的深化，外商投资企业、私人企业、股份制经济等发展迅速，这也从客观上要求明确产权关系，加强对资本金的管理。

（1）有利于保障投资者权益。

我国现行的资金管理制度是借鉴苏联的做法建立和发展起来的，主要适用于国有企业。由于企业资金来源单一，所有者就是国家，制定的各类财务制度也没有考虑资本保全问题。

（2）有利于企业正确计算盈亏，真实反映企业经营状况。

过去，企业固定资产盘盈、盘亏、毁损、报废以及国家统一调价都会引起企业库存物资的价差，要相应调整资金，从而使企业盈亏不实。若调增了资金，企业的盈利就少计一部分；相反，若调减了资金，企业的盈利就虚增一部分。这些都不能如实反映企业生产经营的最终成果。

（3）有利于企业实现自负盈亏。

企业的建立和发展必须有资金，资金的来源很多，可以是借入，也可以是投资者投入，但都需要有本钱。本钱就是资本金。在市场经济社会中，企业能否借入资金、借入多少资金，取决于企业的资本金规模和资信状况，以及企业的偿债能力。因此，资本金是企业实现自主经营和自负盈亏的前提条件，建立资本金制度将有利于健全企业自主经营、自负盈亏、自我发展、自我约束的经营机制。

2.资本金制度的内容

（1）资本金及其构成。

①资本金的含义。资本金是指企业在工商行政管理部门登记的注册资金。这是《企

业财务通则》对资本金的规定。从性质上看,资本金是投资人投入的资本,是主权资本,不同于债务资金。从目的上看,资本金以追求营利为目的,不同于非营利性的事业行政单位资金。

在资本金的确定上,主要有三种方法。

一是实收资本制。在公司成立时,必须确定资本金总额,并一次认足,实收资本要与注册资本一致,否则,公司不得成立。

二是授权资本制。在公司成立时,虽然也要确定资本金总额,但是否一次认足,与公司成立无关,只要缴纳了第一期出资,公司即可成立,没有缴纳的部分委托董事会在公司成立后进行筹集。

三是折中资本制。要求公司成立时确定资本金总额,并规定每期出资数额,但对第一期出资额或出资比例,一般要做出限制。

②资本金的构成。依照《企业财务通则》,资本金按照投资主体分为国家资本金、法人资本金、个人资本金以及外商资本金。

国家资本金是指有权代表国家投资的政府部门或者机构以国有资产投入企业而形成的资本金。法人资本金是指其他法人单位包括企业法人和社团法人以其依法可支配的资产投入企业而形成的资本金。个人资本金是指社会个人或者本企业内部职工以个人合法财产投入企业而形成的资本金。外商资本金是指外国投资者以及我国香港、澳门和台湾地区投资者投入企业而形成的资本金。

(2)法定资本金。

依照《企业财务通则》,企业设立时必须有法定的资本金。所谓法定资本金,是指国家规定的开办企业必须筹集的最低资本金数额。从现行法规来看,对于法定资本金主要有以下几个规定。

①《中华人民共和国民法通则》《中华人民共和国全民所有制工业企业法》等法律法规均有些原则性规定。《中华人民共和国企业法人登记管理条例》也规定,企业法人必须有符合国家规定并与其生产经营和服务规模相适应的资金数额,以批发业务为主的商业性公司的注册资金不得少于 50 万元,以零售业务为主的商业性公司的资金不得少于 30 万元,咨询服务性公司的注册资金不得少于 10 万元,其他企业法人的注册资金不得少于 3 万元,国家对企业注册资金数额有专项规定的,按规定执行。

②对外商投资企业,要求注册资本与生产经营的规模、范围相适应,并明确规定了注册资本与投资总额的最低比例或最低限额。投资总额在 300 万美元以下的,注册资本所占比例不得低于 70%;投资总额在 300 万~1 000 万美元的,该比例不得低于50%,其中,投资总额在 420 万美元以下的,注册资本不得低于 210 万美元;投资总额在 1 000 万~3 000 万美元的,其比例不得低于 40%,其中,投资总额在 1 250 万美

元以下的，注册资本不得低于 500 万美元；投资总额在 3 000 万美元以上的，注册资本不得低于投资额的 1/3，其中投资总额在 3 600 万美元以下的，注册资本不得低于1 200 万美元。

③《中华人民共和国公司法》规定，股份有限公司注册资本的最低限额为人民币1 000 万元，有外商投资的公司的注册资本不得低于人民币 3 000 万元。有限责任公司注册资本的最低限额为：生产经营性公司、商业物资批发性公司人民币 50 万元，商业零售性公司人民币 30 万元，科技开发、咨询、服务性公司人民币 10 万元。其中，民族区域自治地区和国家确定的贫困地区，经批准，注册资本的最低限额可按上述规定限额降低 50%。

（3）资本金的筹集方式。

①货币投资。在注册资本中，投资各方需要投资的货币资金的数额，通常取决于在投入的实物、专利权、商标权之外，还需要多少资金才能满足建厂和生产经营费用的开支。按我国有关法律法规的规定，货币出资不得少于资金的 50%。

若为外商投资，外商出资的外币应按缴款当日我国外汇管理部门公布的外汇牌价折算成人民币或套算成约定的外币。假定某合资企业的合同规定注册资本以美元表示，而记账本位币采用人民币，那么在合资外方汇来港币作为投资缴款时，记账前就应先将港币按缴款当日牌价折算成美元，然后用同日牌价将美元折合成人民币，再凭此记账。

②实物投资。实物投资包括固定资产投资和流动资产投资。

固定资产投资是指投资单位将厂房、建筑物、机器设备、仓库运输设备等固定资产作为投资。这种投资的价值一般以投出单位的账面价值为固定资产的原值，以由联营双方按质论价确定的价值为固定资产的净值，即投资的实际数额。

流动资产投资是指投资单位以流动资产对企业的投资，一般是以提供原材料、主要材料、辅助材料或劳务等形式对企业投资。这类流动资产投资额的确定方法与企业流动资产计价方法相同。

③专利权、商标权和非专利技术投资。专利权是依法获批的发明人对其发明成果在一定年限内享有独立权、专用权和转让权，任何单位、个人如果需要利用该项专利，必须事先征得专利使用者许可，并付给一定的报酬。商标权是经注册商标后取得的专用权，受法律保护。商标的价值在于它能够使拥有者具有较大的获利能力。按商标法规定，商标可以转让，但受让人应当保证商标的产品质量。商标也是企业出资方式之一。非专利技术即专有技术，或称"技术秘密""技术诀窍"，是指先进的、未公开的、未申请专利的、可以带来经济效益的技术及诀窍，主要包括以下两种：工业专有技术，是指生产上已经采用，仅限于少数人知道，不享有专利权或发明权的生产、装配、修理、

工艺或加工方法的技术知识；商业（贸易）专有技术，是指具有保密性质的市场情报、管理方法、培训职工方法等保密知识。

其中应当指出，作为投资的专有技术与应由企业支付的技术转让费是不同的，其他单位可以把专有技术转让给企业使用，向企业分期收取一定的费用，企业支付的这种费用，被称为"技术转让费"。

作为投资者出资的商标权、专利权、非专有技术，必须符合下列条件之一：能生产市场急需的新产品或出口适销的产品；能显著改进现有产品的性能、质量，提高生产效率；能显著节约原材料、燃料和动力。

我国现行的法律、法规虽允许企业使用无形资产进行投资，但无形资产投资总额不宜过高，否则就会影响货币和实物投资，不利于企业生产经营和发展。

必须指出，投资各方按合同规定向企业认缴的出资，必须是归投资者自己所有的货币资产，以及归其所有且并未设立任何担保物权的实物、商标权、专利权、非专利技术等。

④土地使用权投资。企业所需场地，应由企业向所在地的市（县）级土地主管部门提出申请，经审查批准后，通过签订合同取得场地使用权。合同应说明场地面积、地点、用途、合同期限、场地使用权的费用（以下简称"场地使用费"）、双方的权利与义务、违反合同的罚款等。

场地使用费的标准应根据场地的用途、地理环境条件、征地拆迁安置费用、合资企业对基础设施的要求等因素，由所在地的省、自治区、直辖市人民政府规定。企业所需土地的使用权，如为某企业所拥有，则该企业可将其作为对新企业的出资，其作价金额应与取得同类土地使用权缴纳的使用费相同。

土地使用权投资与场地使用费不同，土地使用权投资是对企业的一项投资，是企业的无形资产，其价值分期摊销转作费用。土地使用权投资的价值，一般可按土地面积、使用年限和政府规定的土地使用费标准综合计算，其具体作价应由投资各方协商确定。场地使用费是企业向政府申请使用场地，并按场地面积和政府规定的使用费标准，按期向政府交纳的场地使用费，是企业的一项费用支出。

二、流动资产投资管理

（一）现金管理

现金是流动性最强的资产，包括库存现金、银行存款、银行本票、银行汇票等。拥有足够的现金对降低企业财务风险、增强企业资金的流动性具有十分重要的意义。

1. 现金管理的目的和内容

为了说明现金管理的目的和内容，必须了解企业持有现金的动机。

（1）企业持有现金的动机。

①支付动机。支付动机是指企业需要用现金支付日常业务开支。它包括材料采购、支付工资、缴纳税款等。尽管企业平时也会从业务收入中取得现金，但很难做到收入和付出在数量与时间上那么协调。

②预防动机。预防动机是指企业持有现金以备意外事项之需。在日常经营活动中，受价格高低、应收账款不能按期收回等多种因素的影响，现金流量难以准确测算，因此需持有一定数量的现金以防不测。一般来说，经营风险越大或销售收入变动幅度越大的企业，现金流量难以把握的程度越大，其预防性现金持有量应越多。

③投机动机。投机动机是指企业持有现金，以便当证券价格剧烈波动时，从事投机活动，从中获得收益。当预期利率上升而有价证券的价格将要下跌时，投机动机就会鼓励企业暂时持有现金，直到利率停止上升为止。当预期利率将要下降而有价证券的价格将要上升时，企业可能会将现金投资于有价证券，以便从有价证券价格的上升中得到收益。

（2）现金管理的目的。

现金管理的目的，是在保证企业生产经营所需现金的同时，节约使用资金，并从暂时闲置的现金中获得最多的利息收入。企业的库存现金没有收益，银行存款的利息率也远远低于企业的资金利润率。现金结余过多，会降低企业的收益；现金结余太少，又可能会出现现金短缺，影响生产经营活动。

（3）现金管理的内容。

现金管理的内容主要包括以下几个方面。

①编制现金收支预算，以便合理地估计未来的现金需求。

②用特定的方法确定理想的现金余额。当企业实际的现金余额与理想的现金余额不一致时，应采用短期融资、归还借款、投资于有价证券等策略来达到理想状况。

③对日常的现金收支进行管理，力求加速现金周转速度，提高现金的使用效率。

2. 现金最佳持有量的确定

现金是一种流动性最强的资产，又是一种营利性最差的资产。现金过多，会使企业盈利水平下降；而现金太少，又有可能出现现金短缺，影响生产经营。在现金余额的问题上，存在风险与报酬的权衡问题。西方财务管理中确定最佳现金余额的方法很多，现结合我国实际情况，介绍最常用的几种方法。

（1）成本分析模式。

成本分析模式是通过分析持有现金的成本，寻找使现有成本最低的现金持有量。

企业持有的现金，将会有三种成本。

①资本成本（机会成本）。现金作为企业的一项资金占用，是有代价的，这种代价就是它的资本成本。假定某企业的资本成本率为 10%，年均持有 50 万元的现金，则该企业每年现金的资本成本为 5 万元。现金持有额越大，资本成本越高。企业为了经营业务，需要拥有一定的资金，付出相应的资本成本代价是必要的，但现金存量过多，资本成本代价便大幅度上升，就不合算了。

②管理成本。管理成本是指对企业置存的现金资产进行管理而支付的代价。例如，建立完整的企业现金管理内部控制制度，制定各种现金收支规定、现金预算执行的具体办法等。它包括支付给具体现金管理人员的工资费用、各种安全措施费等。

③短缺成本。短缺成本是指企业由于缺乏必要的现金，不能应付必要的业务开支而承受的损失。现金的短缺成本一般有如下三种。

第一，丧失购买能力的成本。这主要是指企业由于缺乏现金不能及时购买原材料、生产设备等生产必要物资，而使企业正常生产不能维持的代价。这种代价虽然不能被明确测定，但一旦发生，会给企业造成很大的损失。

第二，信用损失和失去折扣好处的成本。首先是指企业由于现金短缺不能按时付款，而失信于供货单位，造成企业信誉和形象下降的成本，这种损失是长久和潜在的；其次是指企业缺乏现金，不能在供货方提供现金折扣期内付款，丧失享受现金折扣优惠的好处，从而相应提高了购货成本的代价。

第三，丧失偿债能力的成本。这是指企业由于现金严重短缺，根本无力在近期内偿还各种负债而出现重大损失的成本。现金短缺造成企业财务危机，甚至导致破产清算的先例举不胜举，在所有的现金短缺成本中，此项成本最有可能对企业造成致命的影响。

（2）存货模式。

存货模式的基本原理是将企业现金持有量和有价证券联系起来进行衡量，即将现金的持有成本同转换有价证券的成本进行权衡，以求得二者相加总成本最低时的现金余额，从而得出最佳现金持有量。

使用存货模式，需要建立在一个假定条件之上，即企业在一定时期内现金的流出量与流入量均可预测。企业期初持有一定量的现金，若每天平均流出量大于流入量，当一定时间后现金的余额降至零时，企业就得出售有价证券进行补充，使下一周期的期初现金余额恢复到最高点，而后这笔资金再供生产逐渐支用，待其余额降至零后又进行补充，如此周而复始。

如前所述，当企业持有的现金趋于零时，就需要将有价证券转换为现金，用于日常开支，但转换有价证券需要支付一些固定成本。一定时期内变换有价证券的次数越多，其固定成本就越高。当然，企业置存现金也要付出一定代价，因为保留现金意味着放弃了投资于有价证券而产生的利息收益机会。一般来说，在有价证券收益率不变的条件下，保留现金的余额越多，形成的机会成本越大。

存货模式确定最佳现金持有量是建立在未来期间现金流量稳定均衡且呈周期性变化的基础上的。在实际工作中，准确预测现金流量，往往是企业不易做到的。通常可以这样处理：在预测值与实际发生值相差不是太大时，将实际持有量在上述公式确定的最佳现金持有量的基础上，稍微再提高一些即可。

（3）随机模式。

随机模式是适用于企业未来的现金流量呈不规则波动、无法被准确预测的情况下的一种控制模式。这种方法的基本原则是制定一个现金控制区域，定出上限和下限。上限代表现金持有量的最高点，下限代表最低点。当现金余额达到上限时，则将现金转换成有价证券。

3. 现金收支管理

在现金管理中，企业除合理编制现金收支预算和确定最佳现金余额外，还必须进行现金收支的日常控制。

（1）加速收款。

①集中银行。集中银行是指通过设立多个策略性的收款中心来代替通常在公司总部设立的单一收款中心，以加速账款回收的一种方法。其目的是缩短从顾客寄出账款到现金收入企业账户这一过程的时间。具体做法是：企业销售商品时，由各地分设的收款中心开出账单；当地客户收到销售企业的账单后，直接汇款或邮寄支票给当地的收款中心；中心收款后立即存入当地银行或委托当地银行办理支票兑现；当地银行在进行票据交换处理后，立即转给企业总部所在地银行。

应用集中银行的优点表现在两个方面。一是缩短了账单和支票的往返邮寄时间。这是因为账单由客户所在地的收款中心开出，并寄给当地客户，所需的时间明显少于直接从企业所在地给客户邮寄账单的时间；同时，客户付款的支票邮寄到距离最近的收款中心所需的时间比直接邮寄到企业所在地时间短。二是缩短了支票兑现所需的时间。这是因为在各地收款中心收到客户的支票并交给当地银行后，企业就可向该地银行支取现金。采用这种方法也有不足之处，即每个收款中心的地方银行账户应保持一定的存款余额，而开设的中心越多，这部分"冻结资金"的机会成本也就越大；另外，设立收款中心需要一定的人力和物力，花费较多。这些都是财务主管在决定采用集中银行时必须考虑到的问题。

②锁箱系统。锁箱系统是指通过承租多个邮政信箱，以缩短从收到顾客付款到存入当地银行的时间的一种现金管理办法。具体做法是：企业对客户开出发票、账单，

通知客户将款项寄到当地专用的邮政信箱，并直接委托企业在当地的开户银行每日开启信箱，以便及时取出客户支票，立即予以登记、办理票据交换手续并存入该企业账户；当地银行依约定期向企业划款并提供收款记录。应用锁箱系统的优点是：比集中银行的做法更能缩短企业办理收款、存储手续的时间，即公司从收到支票到这些支票完全存入银行之间的时间差距消除了。不足之处是需要支付额外的费用。银行提供的多项服务要求有相应的报酬，这种费用支出一般来说与存入支票的张数成一定比例。所以，如果平均汇款数额较小，采用锁箱系统并不一定有利。

（2）控制现金支出。

①使用现金浮游量。所谓"浮游量"，是指企业从银行存款账户上开出的支票总额超过其银行存款账户的余额。出现现金浮游的主要原因是：从企业开出发票、收款人收到支票并将其送交银行，甚至银行办理完款项的划转，通常需要一定的时间。在这段时间里，企业已开出支票却仍可动用银行存款账户上的这笔资金，以达到充分利用现金之目的。企业使用现金浮游量应谨慎行事，要预先估计好这一差额并控制使用的时间，否则会发生银行存款的透支。

②延缓应付款的支付。企业在不影响自己信誉的前提下，应尽可能地推迟应付款的支付期，充分运用供应商提供的信用优惠。例如，企业在采购材料时，其付款条件为开票后10天内偿付，可享受现金折扣2%，30天内则按发票金额付款。企业应安排在开票后第10天付款，这样既可最大限度地利用现金，又可享受现金折扣。如果企业确实急需资金，或短期调度资金需要花费较大代价，也可放弃折扣优惠，当然，应在信用期的最后一天支付款项。

此外，企业还可以利用汇票这一结算方式来延续现金支出的时间。因为汇票和支票不同，不能见票即付，还需由银行经购货单位承兑后方能付现，故企业的银行存款实际支付的时间迟于开出汇票的时间。

（二）应收账款管理

应收账款是企业因对外销售产品、材料、提供服务等而应向购货方或接受服务的单位收取的款项。应收账款的存在是企业采取赊销和分期付款的方式引起的，其产生的原因，一是适应市场竞争的需要，二是销售和收款在实际时间上存在差异。

1. 应收账款的成本与管理目标

企业运用应收账款的商业信用与持有现金一样是有代价的，表现为机会成本、管理成本、坏账损失成本、短缺成本。

（1）机会成本。企业为了扩大销售而采取信用政策，这意味着有一部分销货款不能及时收回，要相应为客户垫付一笔相当数量的资金，这笔资金也就丧失了投资获利的机会，便产生了应收账款的机会成本。

（2）管理成本。管理成本，即为管理应收账款花费的一切费用开支，主要包括客户的信誉情况调查费用、账户的记录和保管费用、应收账款费用、收集与整理各种信用费用等。

（3）坏账损失成本。由于各种原因，应收账款总有一部分不能收回，这就是坏账损失成本，它一般与应收账款的数量成正比关系。

（4）短缺成本。因企业不能向某些信誉好的客户提供信用，这些客户便转向其他企业，使本企业销售收入下降，这种潜在的销售收入损失被称为"短缺成本"。

2.信用政策

提高应收账款投资收益的重要前提是制定合理的信用政策。信用政策是应收账款的管理政策，即企业对应收账款投资进行规划与控制而确立的基本原则和行为规范，包括信用标准、信用条件和收账政策三个方面的内容。

（1）信用标准。信用标准是指企业同意顾客要求而在销售业务中给予一定付款宽限期，这种商业信用的最低标准，通常以预期的坏账损失率表示。这项标准主要是根据本企业的实际经营情况、市场当时竞争的激烈程度、客户的信誉情况等综合因素来制定。

①信用标准的定性评估。

对于信用标准的评估一般可从质与量两个方面来进行。信用标准质的衡量往往比量的衡量更重要，因为一个客户的信用品质是其以往从商信誉的集中体现，它能综合地反映该顾客承付货款的履约程度，这对于确定合适的信用标准是至关重要的。客户资信程度的高低通常取决于五个方面，即品德、能力、资本、担保、条件。

a.品德。品德是指客户履约或赖账的可能性。信用交易归根结底是对付款的承诺与履行，因而品德也可指客户承诺责任、履行偿债的一种诚意。

b.能力。对于客户付款能力的高低，一般根据客户流动资产的数量、质量及其与流动负债的结构关系来进行判断。

c.资本。资本（特别是有形资产净值与留存收益）反映了客户的经济实力与财务状况的优劣，是客户偿付债务的最终保障。

d.担保。担保是指客户所能提供的作为债务安全保障的资产。

e.条件。条件是指可能影响客户目前付款能力的经济环境。

上述五种信用状况，可通过查阅客户的财务报告资料或银行提供的客户信用资料取得；也可通过跟与同一客户有信用关系的其他企业相互交换该客户的信用资料（如付款记录、信用金额、往来时间等），或企业自身的经验等途径取得；还可通过商业代理机构或征信调查机构提取的信息资料及信用等级标准取得。

②信用标准的定量评估。

信用标准的定量评估，可以通过设定信用标准来进行。设定信用标准是依客户的具体信用资料，以若干个具有代表性、能说明企业偿付能力和财务状况的指标为信用标准确定指标，并将其作为给予或拒绝给予客户信用的依据。

（2）信用条件。信用标准是企业评价客户信用等级，决定给予或拒绝给予客户信用的依据。信用条件是指企业要求客户支付赊销款的条件，主要包括信用期限、折扣期限、现金折扣等，它规定若客户能够在发票开出后的 10 日内付款，可以享受 2% 的现金折扣；如果放弃折扣优惠，则全部款项必须在 30 日内付清。在此，30 日为信用期限，10 日为折扣期限，2% 为现金折扣（率）。

①信用期限。信用期限是企业向客户提供赊账的最长期限。一般而言，信用期限过长，对扩大销售具有刺激作用，但会为企业带来坏账损失，使被占用资金的机会成本和收账费用增加。因此，企业必须慎重研究，规定出恰当的信用期。

②折扣期限与现金折扣。企业延长信用期限，会使应收账款过多占用资金。为了加速资金的回收与周转，减少坏账损失，企业往往可采用向客户提供现金折扣的办法，来吸引客户为享受优惠而提前付款，缩短企业的平均收款期。另外，现金折扣也能招揽一些视折扣为减价出售的客户前来购货，企业可借此扩大销售量。现金折扣率的大小往往与折扣期联系在一起。折扣率越大，折扣期限（付款期限）就越短，反之亦然。

③收账政策。企业对不同过期账款的收款方式，包括准备为此付出的代价，就是它的收账政策。例如，对短期的拖欠户，可采用书信形式婉转地催讨账款；对较长期的拖欠户，可采用频繁的信件手段和电话催询手段，在必要时可运用法律手段加以解决。

企业在制定应收账款政策时，应明确以下两个问题。

第一，收账成本与坏账损失的关系。企业花费的收账成本越高，应收账款被拒付的可能性就越小，企业可能遭受的坏账损失也就越小。但是，收账成本与坏账损失之间并不存在线性关系。当企业刚开始发生一些收账成本时，应收账款的坏账损失有小部分降低；随着收账成本的继续增加，应收账款被拒付的可能性明显减少；收账成本的增加一旦越过某个限度，追加的收账成本对进一步减少坏账损失的作用便呈减弱的趋势，因为总会有一些客户由于种种原因而拒付货款。

第二，收账成本与预期收回的应收账款之间的关系。只有当预期收回应收账款的收益大于企业支付的收账成本时，企业才有必要付出代价收取应收账款。

3. 应收账款的日常管理

企业对于已经发生的应收账款，还应进一步强化日常管理工作，采取有力的措施进行分析、控制，及时发现问题，提前采取相应对策。这些措施主要包括对应收账款进行追踪分析、账龄分析、收现率分析和制定应收账款坏账准备制度。

账龄分析可通过编制分析表的形式进行，企业可按某一时点，将发生在外的各笔应收账款按照开票日期进行归类（确定账龄），并计算出各账龄应收账款的余额占总计余额的比重。

（三）存货管理

存货是企业在生产经营中为销售或者生产耗用而储存的各种资产，包括商品、产成品、半成品、在产品及各类材料、燃料、包装物、低值易耗品等。作为联系商品的生产与销售的重要环节，存货控制或管理效率的高低，直接反映并决定着企业的收益、风险、资产流动性的综合水平，因而，存货管理对保证企业生产正常进行、满足市场销售的需要、保持均衡生产、降低生产成本、预防意外事故的发生起着非常重要的作用。

1. 存货管理目标

企业出于保证生产或销售的经营需要，以及出自价格的考虑，必须储备一定量的存货。企业各个部门的人员对存货储存有着不同观点。

采购人员希望能大批量采购存货，以便取得价格优惠并节约运费。他们还希望尽可能提早采购，以减少紧急订货造成的额外支出，避免中断供应而受到各方面的指责。

生产人员希望能大批量、均衡而且稳定地进行生产。经常改换品种，势必加大成本，降低生产效率。每个品种的大批量生产，都将使平均存货水平上升。

销售人员希望本企业有大量存货，这样不仅可以提升市场上的竞争能力，而且因为是现货交易，有利于扩大销售额。他们还希望存货的品种齐全，或者生产部门能按客户要求及时改换品种，而不管批量多么小。

针对上述特点，企业存货既要保证生产、销售等功能的充分发挥，使生产经营活动得以顺利进行，又要有利于降低存货成本、减少企业流动资产占用、提高资金的使用效果。这样企业存货管理的目标就是在存货的成本与收益之间进行利弊权衡，实现二者的最佳组合。

2. 存货成本

存货成本是企业为了存储存货而发生的各种支出，包括以下两种。

（1）进货成本。进货成本主要由存货的进价成本、进货费用及采购税金（如增值税的进项税额、进口原材料的关税）三个方面构成。这里设物价与税率不变且无采购数量折扣，这样采购税金总计数就保持相对稳定，属于决策无关成本。

①进价成本。进价成本是指存货本身的价值，常用数量与单价的乘积来确定。每年需用量用 D 表示，单价用 u 表示，于是进价成本为 Du。

②进货费用。企业为组织进货而发生的各种费用，一是与进货次数有关的费用，如差旅费、邮资、电报电话费等，称为"进货变动费用"；二是与订货次数无关的费用，如常设采购机构的基本开支，称为"进货的固定费用"（用 $F1$ 表示）。每次进货的变动费用用 K 表示，而订货次数等于存货年需用量（D）与每次进货批量（Q）之商。

（2）储存成本。储存成本是企业储存存货而发生的各种支出，包括存货占用资金的利息支出、仓库费用、保险费用、存货破损、变质损失等。

储存成本包括两种：一是与存货数量无关的储存成本，如仓库折旧额、仓库职工的固定工资等，称为"储存固定成本"；二是与存货数量有关的储存成本，如存货资金的应计利息、存货的破损与变质损失、保险费用等，称为"储存变动成本"。

三、销售收入管理与利润管理

（一）销售收入管理

1.销售收入管理概述

（1）销售收入的概念及组成。在商品经济条件下，企业生产产品的目的不是自己消费，而是对外出售。企业在一定时期因销售产品或对外提供劳务获取的收入就是销售收入，包括产品销售收入和其他业务收入。

①产品销售收入。产品销售收入是指企业生产经营活动的主要收入，在整个企业销售收入中占有最大比重，是销售收入管理的重点。工业企业的产品销售收入包括销售产成品、自制半成品、工业性劳务等取得的收入。产品销售收入的实现不受销售对象的限制，企业的产品销售收入除包括对企业以外的其他单位销售产品取得的收入外，还应包括对企业内部非生产部门销售产品取得的收入。

②其他业务收入。其他业务收入是指企业从产品销售业务以外的其他销售或其他业务中取得的收入，包括材料销售、固定资产出租、包装物出租、外购商品销售、运输业务、无形资产转让、提供非工业性劳务等取得的收入。

（2）销售收入的确认。销售收入的确认是销售收入管理的重要内容，它直接影响纳税时间的确定和利润的计算。正确确认销售收入的实现，对于处理好国家与企业的分配关系、保证国家的财政收入、正确评价企业的经营成果和经济效益，具有十分重要的意义。

根据《工业企业财务制度》的规定，企业应于产品已经发出，劳务已经提供，同时收讫价款或取得收取价款的凭据时，确认销售收入的实现。按照权责发生制原则，销售收入的实现主要有两个标志。

第一，物权的转移，即产品已经发出，劳务已经提供。

第二，货款已经收到或取得收取货款的权利，即企业已将发票账单提交对方或已向银行办妥托收手续，从而取得了收款权利。

企业按上述要求确认的销售收入，不是销售净收入。因为，在实际业务中存在着销售退回、销售折让、销售折扣等事项。根据《工业企业财务制度》的规定，企业在销售业务中发生的销售退回、销售折让、销售折扣等，应冲减当期销售收入。

销售退回是指企业已销产品因质量、品种规格等不符合合同或有关规定的要求，由购买方全部或部分退回企业的事项。销售折让是指企业已销产品因种种原因达不到规定要求，诸如发现外观破损，经过协商，而在价格上给购买方以折让的事项。对于销售退回和销售折让，企业应及时查明原因和责任，冲减销售收入。销售折扣是指企业为鼓励消费者或用户多购、早付款而采取的一种促销措施。销售折扣常见的方式有现金折扣、数量折扣、季节折扣等。

①现金折扣。现金折扣是指企业为鼓励购买者在一定期限内早日偿还货款而实行的一种减价。例如，折扣条件为"2/10，n/30"，即购买者必须在30天内付清货款，如果在10天内付清货款，则可以享受货款总金额2%的优惠。

②数量折扣。数量折扣是指企业为鼓励购买者多买而给大量购买者的一种减价，即买得越多，价格越便宜。

③季节折扣。季节折扣是指生产经营季节性产品的企业给购买过季产品的购买者的一种减价。

（3）销售收入管理的意义。销售收入是企业的重要财务指标，是企业生产经营成果的货币表示。加强销售业务管理，及时取得销售收入，对国家和企业都具有十分重要的意义。

①加强销售管理，及时取得销售收入，是保证企业再生产过程顺利进行的重要条件。在社会主义市场经济条件下，企业作为自主经营、自负盈亏的经济实体，要以自己的收入补偿自己的支出。工业企业的再生产过程包括供应、生产和销售三个环节。企业只有将生产的产品在市场销售给消费者和用户，并及时收回货款，再生产才能顺利进行。

②只有加强销售管理，及时取得销售收入，才能满足国家建设和人民生活的需要。在社会主义市场经济条件下，企业生产的目的是满足社会需要，并以收抵支，取得盈利。企业将产品生产出来，并不表示已达到此目的，只有将已经生产出来的产品及时销售出去，才能证明企业生产的产品是社会所需的，才能尽快满足国家经济建设和人民生活的需要。

③加强销售管理，及时取得销售收入，是企业实现纯收入、完成上缴财政任务、扩大企业积累的前提。企业取得的销售收入，扣减生产经营过程中的耗费，剩下的就是企业的纯收入，包括税金和利润两部分。企业将税金和利润的一部分上缴财政，其余按规定顺序进行分配。

2. 销售价格的管理

销售收入是销售数量和销售单价的乘积。在销售数量既定的前提下，销售价格是影响销售收入的决定性因素，因此，销售价格的管理是销售收入管理的重要内容。

（1）产品价格的概念。产品价格是产品价值的货币表现，它包括物化劳动转移的价值和活劳动新创造的价值。产品价值的大小取决于生产该种产品的社会必要劳动量。

产品价值从构成上看，可以分为三个部分，一是已消耗的生产资料转移的价值，用 c 表示；二是生产者为自己劳动创造的价值，用 v 表示；三是生产者为社会劳动创造的价值，用 m 表示。产品价值 w 可以用下面的公式表述：

$$w=c+v+m$$

（2）工业品价格体系及构成。在高度集中的计划管理体制下，我国工业品价格主要由中央或地方的物价管理部门或企业主管部门统一制定，企业很少有定价权。自经济体制改革以来，随着商品经济的发展和企业自主权的扩大，这种高度集中的价格管理体制的弊端越来越明显地表露出来，不少产品的价格既不能反映产品的价值，又不能反映产品的供求关系，严重影响了经济体制改革的深入和社会经济的发展。

我国现行工业品价格体系，按产品在流通过程中经过的主要环节，一般分为出厂价格、批发价格和零售价格三种。

①出厂价格。出厂价格是生产企业出售给商业批发企业或其他企业采用的价格，是其他价格形式的基础。

②批发价格。批发价格是批发企业对零售企业或大宗购买单位出售产品方采用的价格，是实际零售价格的基础。

③零售价格。零售价格是零售企业向消费者或用户出售产品采用的价格，是产品在流通过程中最后一道环节的价格。

从工业品价格体系及其构成中不难看出，工业品的出厂价格是整个工业品价格构成的基础，对批发价格、零售价格有决定性的影响。

（3）出厂价格的制定。工业品出厂价格的制定，在遵守国家物价政策的前提下，应综合考虑以下几个因素。

①产品价值。价格是价值的货币表现，产品价格的制定应以价值为基础，基本符合其价值。只有这样，企业才能在正常生产经营条件下补偿生产耗费，完成上缴财政任务，满足自我积累和扩大再生产的需要。

②供求关系。价格围绕价值上下波动主要受供求关系的影响。当产品供不应求时，价格会上涨，以刺激生产，限制消费；当产品供过于求时，价格会下跌，以刺激消费，限制生产。

③其他因素。企业在制定产品价格时，除应考虑产品价值、供求关系这两个基本因素外，还应考虑各产品之间的比价、分销渠道、消费者心理以及质量差价、季节差价、环节差价等因素，使产品价格趋于合理。

工业品出厂价格的定价方法多种多样，常见的有以下几种。

①成本外加法。成本外加法是指以产品成本费用（包括制造成本和期间费用）为基础，再加上一定的销售税金和利润，以此确定产品出厂价格的方法。其计算公式为：

出厂价格 = 单位产品成本费用 + 单位产品利润 + 单位产品销售税金

②反向定价法。反向定价法又称"销价倒扣法"，它是以零售价格为基础，以批零差价、进批差价为依据，反向计算产品出厂价格的一种方法。其计算公式为：

批发价格 = 零售价格 ×（1- 批零差率）

出厂价格 = 批发价格 ×（1- 进批差率）

③心理定价法。心理定价法是指根据消费者和用户购买产品时的心理状态来确定产品价格的方法，如某些名牌产品的定价可以远远高于其他同类产品。这样既满足了消费者追求名牌的心理需要，又可以使企业增加盈利。

产品价格的制定，除上述三种方法外，还有创利额定价法、比较定价法等。总之，随着社会主义市场经济的进一步发展，以及企业定价权的扩大，企业应遵循价值规律的要求，综合考虑各方面的因素，选择恰当的定价方法，制定出合理的价格，以达到扩大销售、增加盈利的目的。

3. 产品销售预测与日常管理

（1）产品销售预测。产品销售预测是指企业根据销售情况，结合对市场未来需求的调查，运用科学的方法，对未来时期产品的销售量和销售收入进行的测算与推断。

产品销售预测的方法很多，大致可归纳为经验判断法和数学分析法两类。

经验判断法是指利用人们的实践经验，通过分析判断，对企业未来的销售发展趋势进行预测的方法。常见的有专家调查法、集合意见法、调查分析法等。这类方法简便易行，主要用于缺乏资料情况下的中长期预测。

数学分析法是指根据企业销售的历史资料，通过运用一定的数学方法，对企业未来的销售发展趋势进行预测的方法。常见的有时间序列法、回归分析法、本量利分析法等。

①时间序列法。时间序列法是指按照时间顺序，通过对过去几期销售数据的计算分析，确定未来时期销售预测值的方法，包括简单平均法、加权平均法、移动平均法等。

第一，简单平均法。简单平均法是指将企业过去几期的实际销售数据之和除以期数而求得销售预测值的方法。

第二，加权平均法。加权平均法是指根据各期实际销售量对销售预测值的影响程度，分别给予不同的权数，然后求出加权平均数，并将此作为销售预测值的方法。

第三，移动平均法。移动平均法是指从销售时间序列数据中选取一组数据并求其平均值，逐步移动，以接近预测期的平均值为基数，考虑发展趋势加以修正，从而确定销售预测值的方法。

②回归分析法。回归分析法是指根据销售变动趋势，建立回归方程，通过解回归方程求得销售预测值的方法。此法适用于销售量直线上升的企业。

③本量利分析法。本量利分析法是指利用销售量、成本与利润三者的内在联系，在已知产品成本的前提下，根据目标利润的要求来预测销售量的方法。

（2）销售收入的日常管理。销售收入的日常管理可分为如下四部分。

①按需组织生产，做好广告宣传工作。企业的产品，只有符合社会需要、质量上乘、品种规格齐全、价格合理、受广大消费者和用户欢迎，才能销售出去，迅速实现销售收入。因此，企业必须十分重视市场调查和预测，按社会需要组织生产，研究开发新产品，不断提高产品质量，努力降低产品成本，向市场提供适销对路、物美价廉的产品。

②加强销售合同管理，认真签订和执行销售合同。经济合同是法人之间为达到一定经济目的，明确相互权利和义务而订立的协议。企业现今的产品销售，大都是通过销售合同来实现的。因此，企业财务部门应积极协助销售部门加强对销售合同的管理，认真签订和执行销售合同，以确保销售收入的实现。首先，企业要根据生产情况及时与购买单位签订销售合同，明确规定销售产品的品种、数量、规格、价格、交货日期、交货地点、结算方式以及违约责任；其次，企业应加强对库存产品的保管，及时按合同要求进行选配、包装，搞好发运工作。

③做好结算工作，及时收回货款。产品销售包含两层含义：一是向购买者发出产品，二是向购买者收取货款。有鉴于此，企业不仅要重视产品的发出，还要关心货款的收回。首先，企业应从既要有利于销售产品，又要有利于及时收回货款的原则出发，正确选择结算方式；其次，在托收承付的结算方式下，企业发货后应尽快从有关部门取得发货和运输凭证，向银行办妥托收手续，监督购货单位按期付款；最后，对逾期未收回的账款，应及时查明原因，按情况妥善处理。

④做好售后服务工作，为今后进一步扩大销售奠定基础。企业应树立对消费者和用户负责的观念，在产品售出后，做好售后服务工作。诸如为消费者和用户免费安装调试产品，提供配件、备件，建立维修网络，坚持上门服务，及时检修和排除故障，以及采取包修、包退、包换等措施。良好的售后服务，有助于解除消费者和用户的后顾之忧，树立良好的企业形象，提高产品声誉，增强竞争能力，为今后进一步扩大销售、增加盈利奠定基础。

（二）利润管理概述

1.利润的构成

利润是指企业在一定会计期间的经营成果，包括营业利润、利润总额和净利润。它是衡量企业生产经营管理水平的重要综合指标。利润总额若为正数，则表示盈利；若为负数，则表示亏损。

利润总额＝营业利润＋投资收益＋补贴收入＋营业外收入－营业外支出

（1）营业利润。营业利润是指主营业务收入减去主营业务成本和主营业务税金及附加，加上其他业务利润，减去营业费用、管理费用和财务费用后的金额。

营业利润＝主营业务利润＋其他业务利润－营业费用－管理费用－财务费用

其中，

主营业务利润＝主营业务收入－主营业务成本－主营业务税金及附加

其他业务利润＝其他业务收入－其他业务支出

（2）投资收益。投资收益包括对外投资分得的利润、股利、债券利息、投资到期收回或者中途转让取得款项高于账面价值的差额，以及按照权益法核算的股权投资在被投资单位增加的净资产中拥有的数额。

投资损失包括对外投资到期收回或者中途转让取得款项低于账面价值的差额，以及按照权益法核算的股权投资在被投资单位减少的净资产中分担的数额。

（3）补贴收入。补贴收入是指企业按规定实际收到的返还的增值税，或按销量、工作量等依据国家规定的补助定额计算并按期收到的定额补贴，以及因属于国家财政扶持的领域而享受的其他形式的补贴。

（4）营业外收入与营业外支出。企业的营业外收入和营业外支出是指企业发生的与其生产经营活动无直接关系的各项收入和各项支出。

①营业外收入。营业外收入是指与企业销售收入相对应的，虽与企业生产经营活动没有直接因果关系，但与企业又有一定联系的收入。

第一，固定资产的盘盈和出售净收益。盘盈固定资产净收益是按照固定资产的原价扣减估计折旧后的余额，出售固定资产净收益是指转让或者变卖固定资产取得的价款减去清理费用后的数额与固定资产账面净值的差额。

第二，罚款收入。它是指企业取得的对对方违反国家有关行政管理法规的行为，按照规定收取的罚款。

第三，因债权人原因确实无法支付的应付款项。这主要是指因债权人单位变更登记、撤销等无法支付的应付款项。

第四，教育费附加返还款。它是指自办职工子弟学校的企业，在缴纳教育费附加后，教育部门返还给企业的办学校经费补贴。

②营业外支出。营业外支出包括固定资产盘亏、报废、毁损和出售的净损失，非季节性和非修理期间的停工损失，职工子弟学校经费和技工学校经费，非常损失，公益救济性捐赠，赔偿金，违约金等。

第一，固定资产盘亏、报废、毁损和出售的净损失。固定资产盘亏、毁损是指按照固定资产的原价扣除累计折旧、过失人及保险公司赔款后的差额，固定资产报废是指清理报废的变价收入减去清理费用后与账面净值的差额。

第二，非季节性和非修理期间的停工损失。季节性和修理期间的停工损失计入制造费用，非季节性和非修理期间的停工损失计入营业外支出。

第三，职工子弟学校经费和技工学校经费。职工子弟学校经费是指企业按照国家规定自办的职工子弟学校支出大于收入的差额；技工学校经费是指根据国家规定，企业发生的自办技工学校的经费支出。

第四，非常损失。非常损失是指自然灾害造成的各项资产净损失（扣除保险赔偿及残值），还包括由此造成的停工损失和善后清理费用。

第五，公益救济性捐赠。公益救济性捐赠是指国内重大救灾或慈善事业的救济性捐赠支出。

第六，赔偿金、违约金。赔偿金、违约金是指企业因未履行有关合同、协议而向其他单位支付的赔偿金、违约金等罚款性支出。

（5）净利润。净利润又称"税后利润"，是指企业利润总额减去所得税后的金额。其计算公式如下：

$$净利润=利润总额-所得税$$

2. 增加利润的途径

从利润总额构成中可以看出，企业利润是销售量、单价、单位成本、期间费用、营业外收入等多个因素综合作用的结果。因而，增加利润的主要途径有以下几种。

（1）增加产量，提高质量，不断扩大销售。这是增加利润的根本途径。企业应通过增加产量，提高产品质量，多生产适销对路的产品，充分地进行市场预测，来扩大销售收入。

（2）挖掘潜力，降低成本。这是增加利润的重要途径。在扩大销售收入的前提下，成本费用的多少便是利润多少的决定因素。它们之间存在着此消彼长的关系。成本费用开支越大，利润越少；反之，成本费用开支越小，利润越多。

（3）合理运用资金，加速资金周转。这是增加利润的又一重要途径，即合理运用资金，使各种资金占有形态保持恰当的比例关系，加速资金周转。在资金占用总量不变的情况下，周转速度加快，会使销售收入增加，企业利润增加。

（三）利润分配管理

利润分配是指企业实现的利润总额经调整后，按照有关规定上缴所得税，提取盈余公积金、公益金，向投资者分配利润等活动。企业利润是生产者剩余劳动创造产品价值的一部分，利润分配的实质就是利用货币形式对这部分产品进行分配。利润分配是一项政策性很强的工作，必须按照国家制定的有关法律法规、制度进行，兼顾国家、企业、投资者和职工各方面的经济利益。

利润分配制度作为财务管理体制的重要组成部分，随着财务管理体制的调整变化，在我国经历了一个曲折的演变过程。利润分配制度的长期改革与实践证明：无论是以利代税、以税代利还是利税承包，任何形式的税利合一都存在着弊端，不符合政企分开、经营权和所有权相分离的原则，"税利分流，税前还贷，按资分红"才是利润分配制度改革发展的方向。

1．利润分配的一般程序

（1）亏损的管理。企业一定时期的收入如果抵补不了支出，其差额表现为亏损。企业的亏损按性质不同可分为政策性亏损和经营性亏损两种。

①政策性亏损。政策性亏损是指企业因执行国家有关政策而发生的亏损。对于政策性亏损，经财政部门核定后，可实行定额补贴、亏损包干等办法，促使企业增产节约，增收节支，努力减少亏损。

②经营性亏损。经营性亏损是指企业因经营不善、管理混乱而造成的亏损。对于经营性亏损，原则上应由企业自行解决。根据《工业企业财务制度》的规定，企业发生的年度亏损，可以用下一年度的税前利润来弥补；下一年度不足以弥补的，可以在5年内延续弥补；5年内不足以弥补的，用税后利润弥补。

（2）税后利润分配的管理。企业实现的利润总额在按照国家有关规定做相应调整后即为应纳税所得额，应纳税所得额乘以适用税率即为应纳所得税额，企业应依法缴纳所得税。除国家另有规定外，税后利润按下列顺序进行分配。

①弥补被没收的财物损失，以及违反税法规定支付的滞纳金和罚款。

②弥补企业以前年度的亏损。

③提取法定盈余公积金，法定盈余公积金按照税后利润扣除前两项后的10%提取，盈余公积金已达注册资金50%时可不再提取。

④提取公益金。

⑤向投资者分配利润，企业以前年度未分配的利润，可以并入本年度向投资者分配。

对税后利润分配进行管理，应注意以下几个问题。

第一，若企业以前年度亏损未弥补完，不得提取盈余公积金、公益金。盈余公积金是指企业从税后利润中形成的公积金，包括法定盈余公积金和任意盈余公积金。法定盈余公积金是企业按照国家的有关规定，从税后利润中按规定比例提取的公积金。任意盈余公积金是企业出于经营管理的需要，根据董事会决定或公司章程自行决定，从当期税后利润中提取的公积金。

第二，在提取盈余公积金、公益金之后，方能向投资者分配利润。企业向投资者分配的利润由两部分组成：一是企业税后利润在按上述顺序分配后的剩余部分，二是企业以前年度未分配的利润。企业向投资者分配利润的方式，取决于企业的组织形式。

第三，股份有限公司利润分配的特殊性。股份有限公司的税后利润在提取法定盈余公积金和公益金后，根据财务制度的规定，按照下列顺序进行分配：①支付优先股股利；②提取任意盈余公积金，任意盈余公积金按照公司章程或者股东大会决议来提取和使用；③支付普通股股利。上述规定表明，任意盈余公积金的提取，是在分配优先股股利之后，但在分配普通股股利之前；向投资者分配利润时，先向优先股股东分配，有剩余再向普通股股东分配。

2. 股利政策

股息和红利简称"股利"，它是股份公司从税后利润中分配给股东的部分，是股份公司对股东投入资本的一种回报。股利政策是指股份公司在确定股利及相关事项时所采取的方针和策略，它通常包括股利支付比率、股利支付方式、股利支付程序等内容。股利政策的核心是股利支付比率，它影响到股份公司股票在证券市场上的价格、筹资能力和积累能力。

（1）影响股利政策的因素。制定合理的股利政策，是股份公司利润分配管理的重要内容，也是一项难度较大的工作。股利政策是否合理，关系到企业的市场价值、再筹资能力以及将来的发展。影响股利政策的因素归纳起来主要有以下三个方面。

①法律因素。法律因素是指国家有关法律、法规中关于股利分配的规定。概括起来，法律因素主要体现在以下两个方面。

一是资本保全要求。为了保护投资者的利益，要求支付股利的资金只能是公司的当期利润或保留盈余，即不能因为支付股利而减少资本总额。

二是资本积累要求。企业在股利分配时，要求遵循积累优先原则，必须先按一定的比例和基数提取各种公积金。

②股东因素。股利政策最终须经董事会决定并由股东大会审议通过，所以企业股东的意见和要求也是影响股利政策的重要因素。股东因素主要表现在以下三个方面。

一是控制权的稀释。控制权为少数股东所掌握的公司，如果股利支付比率过高，留存收益将相应减少，公司将来的发展势必会通过增发股票来筹集资金，从而可能导致控制权稀释或旁落他人。

二是避税。有的股东为减少股利的所得税支出，要求采用低股利政策，以期通过提高股票价格来获取更多的资本收益。

三是稳定的收入。有的股东依靠股利收入来维持生活，要求给予固定的股利收益。

③公司因素。公司因素是指企业的经营情况、财务状况等因素。公司因素主要表现在以下四个方面。

一是偿债要求。企业对外负债时，债权人为了降低债务风险，往往在贷款合同或企业债券上规定了企业支付股利的一些限制性条款。例如，规定每股股利的最高限额；规定企业的某些财务指标，如流动比率、利息保障倍数等达到安全标准才能支付股利；规定必须建立偿债基金后方能支付股利。

二是借债能力。如果企业借债能力强，在较短时间内就能筹措到所需的货币资金，则可采用高股利政策；反之，则应采用低股利政策。

三是资产的流动性。如果企业拥有大量的现金和流动资产，流动性较强，则可以采用高股利政策；反之，则应采用低股利政策以降低财务风险。

四是资本成本。资本成本的高低是企业选择筹资方式的重要依据。与发行股票、债券、银行借款等筹资方式相比较，利用留存收益筹资具有资本成本低、隐蔽性强等优点。因此，如果企业发展需要大量资金，则应采用低股利政策。

（2）股利政策的确定。合理确定股利政策，就是在综合考虑上述影响因素的基础上，在各种类型的股利政策中做出正确选择。股份公司采用的股利政策通常有以下几种类型。

①固定股利政策。在该政策下，不论企业经营情况好坏，每期支付的股利固定不变，只有当预期未来盈余会显著不可逆转地增长时，才能提高每期股利的支付额。企业采用该政策的主要目的是避免出现因经营不善而削减股利的问题，树立良好的财务形象。该政策的主要缺点是股利的支付与企业盈利脱节，当盈利较低时仍要支付固定的股利，可能导致企业资金短缺、财务状况恶化。

②固定股利支付率政策。该政策也称"变动的股利政策"，即企业每年按固定的比例从税后利润中支付股利。企业在各年间的利润是变动的，因而股利额也随之发生增减变动，这样就可以使股利的支付与企业盈利密切配合，体现多盈多分、少盈少分、不盈不分的原则。该政策的不足之处是每年股利随企业盈利频繁变动，影响企业股票价格的稳定性，不利于树立企业良好的财务形象。

③正常股利加额外股利政策。在该政策下，企业除按固定数额向股东支付正常股利外，当企业盈利有较大幅度增加时，还需向股东增发一定数额的股利。

④剩余股利政策。在该政策下，企业如果有盈利，首先应考虑满足投资需要，只有在满足投资需要且有剩余时，才可支付股利。

（3）股利支付形式。股利支付形式常见的有现金股利、股票股利、财产股利、负债股利、股票重购等。根据我国《股份有限公司规范意见》的规定，股份公司支付股利可采用现金股利和股票股利两种形式。

①现金股利。现金股利是指用货币资金支付的股利。它是股份公司支付股利采用的最普遍、最基本的形式，也是投资者最愿意接受的一种形式。企业采用现金股利形式，必须同时具备以下两个条件：要由董事会决定并经股东大会讨论批准，企业要有

足够的留存收益和现金。

　②股票股利。股票股利是指企业经股东大会批准同意，以发行新股方式支付的股利。采用股票股利形式，对于企业来讲，由于不必支付现金，有利于更好地满足生产经营活动对现金的需要；对于股东而言，由于股票股利不是股东的应税所得，可以享受免缴个人所得税的好处，而且股东在需要现金时，还可以将股票售出以换取现金。

第三章　财务管理之财务分析

第一节　财务分析概述

一、财务分析的含义及作用

（一）财务分析的含义

财务分析是以企业的财务会计报告以及相关资料为基础，采用一些专门的分析技术与方法，对企业的财务状况、经营成果和现金流量进行研究与评价，在此基础上分析企业内在的财务能力和财务潜力，预测企业未来的财务趋势和发展前景，评估企业的预期收益和风险，从而为特定信息使用者提供有用财务信息的财务管理活动。因此，财务分析是财务管理的重要方法之一，是对企业一定时期内财务活动的总结，能够为改进财务管理工作和优化经济决策提供重要的财务信息。

（二）财务分析的作用

在实务中，财务分析可以发挥以下重要的作用。

（1）财务分析可以全面地评价企业在一定时期内的各种财务能力。比如，偿债能力、盈利能力、营运能力等。从而分析企业运营中存在的问题，总结财务管理工作的经验教训，提高企业的经营管理水平。

（2）财务分析可以为企业信息使用者提供更加系统、完整的会计信息，方便他们更加深入地了解企业的财务状况、经营成果和现金流量情况，为其经济决策提供重要依据。

（3）财务分析可以检查企业内部各职能部门和单位完成经营计划的情况，考核各部门和单位的经营业绩，有利于企业建立和完善业绩评价体系，协调各种财务关系，确保企业顺利达成财务目标。

二、财务分析的主要资料

财务报表是以货币为主要量度，根据日常核算资料加工、整理而形成的，是反映企业财务状况、经营成果、现金流量和股东权益的指标体系。它是财务会计报告的主体和核心，包括资产负债表、利润表、现金流量表、所有者权益变动表及相关附表。

下面主要介绍财务分析涉及的几种财务报表。

（一）资产负债表

资产负债表可以提供企业某一特定日期的负债总额及其结构，以表明企业未来需要多少资产或劳务清偿债务以及清偿时间；可以反映投资者权益的变动情况；可以为财务分析提供基本资料。财务报表使用者可以通过资产负债表了解企业拥有的经济资源及其分布状况，分析企业的资本来源及构成比例，预测企业资本的变现能力、偿债能力和财务弹性，如企业某一特定日期的资产总额及其结构能表明企业拥有或控制的经济资源及其分布情况。

我国资产负债表的主体部分采用账户式结构。报表主体分为左右两方：左方列示资产各项目，反映全部资产的分布及存在形态；右方列示负债和所有者权益各项目，反映全部负债和所有者权益的内容及构成情况。资产各项目按其流动性由大到小排列，负债各项目按其到期日的远近顺序排列。资产负债表左右双方平衡，即资产总计等于负债及所有者权益（或股东权益）总计。每个项目又分"年初余额""期末余额"两个栏次。

（二）利润表

利润表可以反映企业在一定期间收入的实现情况、费用耗费情况和生产经营活动的成果（利润或亏损总额），为经济决策提供基本资料。财务报表使用者可以通过分析利润表了解企业一定期间的经营成果信息，分析并预测企业的盈利能力。

利润表正表的格式一般有单步式和多步式两种。单步式利润表是将当期所有收入列在一起，然后将所有的费用列在一起，两项相减得出当期损益；多步式利润表是按利润形成的几个环节分步骤地将有关收入与成本费用相减，从而得出净利润。

（三）现金流量表

财务报表使用者通过对现金流量表、资产负债表和利润表进行分析，可以了解企业现金流转的效果，评价企业的支付能力、偿债能力；可以合理预测企业未来现金流量，从而为编制现金流量计划、合理使用现金创造条件；可以从现金流量的角度了解企业净利润的质量，从而为分析和判断企业的财务前景提供依据。

现金流量表中的现金是指企业的库存现金以及可以随时用于支付的存款。它不仅包括"库存现金"账户核算的库存现金，也包括"银行存款"账户核算的存入金融企业、随时可以用于支付的存款，还包括"其他货币资金"账户核算的外埠存款、银行汇票存款、银行本票存款和在途货币资金等其他货币资金。

现金等价物是指企业持有的期限短、流动性强、易于转化为已知金额现金、价值变动风险小的投资。现金等价物虽然不是现金，但其支付能力与现金差别不大，可视为现金。一项资产要被确认为现金等价物，必须同时具备四个条件：期限短，流动性强，易于转化为已知金额现金，价值变动风险小。其中，期限短一般是指从购买日起3个月内到期。例如，可在证券市场上流通的3个月内到期的短期债券投资属于现金等价物。

现金流量可以分为三类，即经营活动产生的现金流量、投资活动产生的现金流量和筹资活动产生的现金流量。

1. 经营活动产生的现金流量

经营活动产生的现金流入项目主要有销售商品、提供劳务收到的现金，收到的税费返还，收到的其他与经营活动有关的现金。经营活动产生的现金流出项目主要有购买商品、接受劳务支付的现金，支付给职工以及为职工支付的现金，支付的各项税费，支付的其他与经营活动有关的现金。

2. 投资活动产生的现金流量

投资活动产生的现金流入项目主要有因收回投资而收到的现金，取得投资收益而收到的现金，处置固定资产、无形资产和其他长期资产而收回的现金净额，处置子公司及其他营业单位而收到的现金净额，收到的其他与投资活动有关的现金。投资活动产生的现金流出项目主要有购建固定资产、无形资产和其他长期资产支付的现金，投资支付的现金，取得子公司及其他营业单位支付的现金净额，支付的其他与投资活动有关的现金。

3. 筹资活动产生的现金流量

筹资活动是指导致企业资本及债务规模和构成发生变化的活动。此处的资本既包括实收资本（股本），也包括资本溢价（股本溢价）；此处的债务包括向银行借款、发行债券以及偿还债务等。筹资活动产生的现金流入项目主要有吸收投资而收到的现金、取得借款而收到的现金、收到的其他与筹资活动有关的现金。筹资活动产生的现金流出项目主要有偿还债务支付的现金，分配股利、利润或偿付利息而支付的现金，支付的其他与筹资活动有关的现金。

（四）所有者权益变动表

在所有者权益变动表中，当期损益、直接计入所有者权益的利得和损失，以及与所有者的资本交易有关的所有者权益的变动要分别列示。

三、财务分析的目的

财务分析的目的取决于人们使用会计信息的目的。尽管财务分析依据的资料是客观的，但由于不同的人关心的问题不同，他们进行财务分析的目的也各不相同。会计信息的使用者主要包括投资者、债权人、管理层和政府部门等。企业投资者更关心企业的盈利能力，债权人侧重于分析企业的偿债能力，企业经营管理层为改善企业的经营必须全面了解企业的生产经营情况和财务状况，政府部门关心的是企业是否遵纪守法、按期纳税等。

四、财务分析的方法

进行财务分析，首先应采取恰当的方法，选择与分析目的有关的信息，找出这些信息之间的重要联系，研究和揭示企业的经济状况及财务变动趋势，获取高质量的有效财务信息。选用恰当的方法，可获得事半功倍的效果。财务分析的方法主要有比较分析法、比率分析法和因素分析法。

（一）比较分析法

比较分析法是将同一企业不同时期的财务状况或不同企业之间的财务状况进行比较，对两个或几个有关的可比数据进行对比，从而揭示企业财务状况存在差异和矛盾的分析方法。

1. 按比较对象分类

（1）与本企业历史相比，即与同一企业不同时期的指标比较。

（2）与同类企业相比，即与行业平均数或竞争对手比较。

（3）与本企业预算相比，即将实际执行结果与计划指标进行比较。

2. 按比较内容分类

（1）比较会计要素的总量。总量是指财务报表项目的总金额，如资产总额、净利润等。总量比较主要用于趋势分析，以分析发展趋势。有时，总量比较也用于横向比较分析，以分析企业的相对规模和竞争地位。

（2）比较结构百分比。该方法是将资产负债表、利润表和现金流量表转换成百分比报表，以发现有显著问题的项目。

（3）比较财务比率。财务比率表现为相对数，排除了规模的影响，使不同对象间的比较变得可行。

（二）比率分析法

比率分析法是通过计算各种比率指标来确定财务活动变动程度的方法。比率指标主要包括构成比率、效率比率和相关比率三类。

1. 构成比率

构成比率又称"结构比率"，是某项财务指标的各组成部分数值占总体数值的百分比，反映了部分与总体的关系。例如，企业资产中流动资产、固定资产和无形资产占资产总额的百分比（资产构成比率），企业负债中流动负债和长期负债占负债总额的百分比（负债构成比率）。利用构成比率，可以考察总体中某个部分的形成和安排是否合理，以便协调各项财务活动。

2. 效率比率

效率比率是某项财务活动中所费与所得的比率，反映了投入和产出之间的关系，如成本利润率、销售利润率和资产报酬率等。利用效率比率，可以进行得失比较，考察经营成果，评价经济效益。

3. 相关比率

相关比率是将某个经济项目和与其有关但又不同的项目进行对比所得的比率，反映了有关经济活动的相互关系，如流动比率、速动比率等。利用相关比率，可以考察企业相互关联的业务安排是否合理，以保障经营活动顺利进行。

（三）因素分析法

因素分析法是依据分析指标与其影响因素的关系，按照一定的程序和方法，从数量上确定各因素对分析指标的影响方向和影响程度的一种方法。因素分析法主要包括两种方法：连环替代法和差额分析法。

1. 连环替代法

连环替代法是将分析指标分解为各个可以计量的因素，并根据各个因素之间的依存关系，顺次用各因素的比较值（通常为实际值）替代基准值（通常为标准值或计划值），据以测定各因素对分析指标的影响的方法。

连环替代法的分析步骤如下。

（1）确定分析对象和需要分析的财务指标，比较其实际数额和标准数额（如上年实际数额），并计算两者的差额。

（2）确定该财务指标的驱动因素，即根据该财务指标的形成过程，建立财务指标与各驱动因素之间的函数关系模型。

（3）确定驱动因素的替代顺序。

（4）按顺序计算各驱动因素脱离标准的差异对财务指标的影响。

2. 差额分析法

差额分析法是连环替代法的一种简化形式，是利用各个因素的比较值与基准值之间的差额，来计算各因素对分析指标的影响的方法。

在运用因素分析法时要注意以下几个问题。

（1）构成财务指标的各个因素与财务指标之间在客观上存在因果关系。

（2）确定正确的替代顺序。在实际工作中，一般是先替换数量指标，后替换质量指标；先替换实物指标，后替换价值指标；先替换主要指标，后替换次要指标。

（3）因素替换要按顺序进行，不能从中间替换，已替换的指标要用实际指标，尚未替换的指标要用计划指标或基期指标。

五、财务分析的局限性

财务分析仅仅是发现问题，而没有提供解决问题的答案，具体该如何解决问题取决于财务人员解读财务分析的结果，即取决于财务人员的经验或主观判断。此外，运用财务比较分析法时必须注意比较的环境或限定条件，因为只有在限定意义上的比较才具有意义。

第二节　财务能力分析

企业的财务能力主要包括偿债能力、盈利能力和营运能力。对企业财务能力进行分析，离不开对这三个方面的分析。

一、偿债能力分析

偿债能力是指企业偿还自身到期债务的能力。偿债能力的高低是衡量企业财务状况好坏的重要标志。分析偿债能力，有利于债权人做出正确的借贷决策，有利于企业经营管理者做出正确的经营决策，有利于投资者做出正确的投资决策。债务一般按到期时间分为短期债务和长期债务，偿债能力分析也因此分为短期偿债能力分析和长期偿债能力分析。

（一）短期偿债能力分析

短期偿债能力是指企业偿还流动负债的能力。一般来说，流动负债需要以流动资产来偿付，因而可以反映企业流动资产的变现能力。评价企业短期偿债能力的财务指标主要有营运资金、流动比率、速动比率和现金比率等。

1. 营运资金

营运资金是指流动资产超过流动负债的部分。其计算公式为：

营运资金 = 流动资产 − 流动负债

【例】某公司 2019 年末流动资产为 10 000 万元，流动负债为 5 000 万元，计算该公司 2019 年末营运资金。

解：2019 年末营运资金 =10 000–5 000=5 000（万元）

计算营运资金使用的"流动资产"和"流动负债"，通常可以直接取自资产负债表。资产负债表的项目区分为流动项目和非流动项目，并且按照流动性强弱排序，方便了计算营运资金和分析流动性。营运资金越多则偿债越有保障。当流动资产大于流动负债时，营运资金为正，说明企业财务状况稳定，不能偿债的风险较小；当流动资产小于流动负债时，营运资金为负，说明企业部分非流动资产以流动负债为资金来源，企业不能偿债的风险很大。因此，企业必须保持正的营运资金，以避免流动负债的偿付风险。

营运资金是绝对数，不便于不同企业之间的比较。

因此，在实务中直接将营运资金作为偿债能力的衡量指标有局限性，对于偿债能力更多地通过债务的存量比率来评价。

2. 流动比率

流动比率是指企业流动资产与流动负债的比率。企业能否偿还流动负债，要看其有多少流动资产，以及有多少可以变现的流动资产。流动资产越多、流动负债越少，则企业的短期偿债能力越强。也就是说，流动比率是指每 1 元的流动负债有多少流动资产作为偿还的保证。其计算公式为：

流动比率 = 流动资产 ÷ 流动负债

式中，流动资产一般是指资产负债表中的期末流动资产总额，流动负债一般是指资产负债表中的期末流动负债总额。

一般情况下，流动比率越高，说明企业的短期偿债能力越强。当前国际上通常认为，流动比率的警戒线为 1，而流动比率等于 2 时较为适当，过高或过低的流动比率都不好。流动比率过高，表明企业流动资产未能有效加以利用，会影响资金的使用效率和筹集资金的成本，进而可能会影响企业的获利能力；流动比率过低，表明企业短期偿债能力弱，对企业经营不利。

3. 速动比率

速动比率是指企业的速动资产与流动负债的比率。它用来衡量企业将速动资产立即变现以偿付流动负债的能力。速动资产是指从流动资产中扣除变现能力较差且不稳定的存货、预付账款、一年内到期的非流动资产等之后的余额。速动比率与速动资产的计算公式为：

速动比率 = 速动资产 ÷ 流动负债

速动资产 = 货币资金 + 交易性金融资产 + 应收账款 + 应收票据

速资资产 = 流动资产 - 存货 - 预付账款 - 一年内到期的非流动资产

一般情况下，由于剔除了变现能力较差的存货、预付账款及不稳定的一年内到期的非流动资产等项目，速动比率反映的短期偿债能力更加令人可信，比流动比率更加准确。一般情况下，速动比率越高，表明企业偿还流动负债的能力越强。当前国际上通常认为，速动比率等于 1 时较为适当。

4. 现金比率

现金资产包括货币资金和交易性金融资产等。现金资产与流动负债的比值称为"现金比率"。其计算公式为现金比率剔除应收账款对偿债能力的影响，最能反映企业直接偿付流动负债的能力，表明了每 1 元流动负债有多少现金资产作为偿债保障。流动负债是在一年内（或一个营业周期内）陆续到期清偿，因此并不需要企业时时保留相当于流动负债金额的现金资产。当前国际上认为，0.2 的现金比率就可以接受。而这一比率过高，就意味着企业过多资源被占用在盈利能力较低的现金资产上，从而影响了企业的盈利能力。

现金比率 = 现金资产 ÷ 流动负债

现金资产 = 货币资金 + 交易性金融资产

在现实中，企业对流动比率、速动比率和现金比率的分析，应结合不同行业的特点综合考虑，切不可采用统一的标准。

（二）长期偿债能力分析

长期偿债能力是指企业偿还长期负债的能力。企业要结合长期负债的特点，在明确长期偿债能力的影响因素的基础上，从企业的盈利能力和资产规模两个方面对企业偿还长期负债的能力进行计算与分析，说明企业长期偿债能力的基本状况及其变动原因，为进行正确的负债经营指明方向。评价企业长期偿债能力的财务指标主要有资产负债率、产权比率、权益乘数和已获利息倍数。

1. 资产负债率

资产负债率是负债总额除以资产总额的百分比。它反映企业资产总额中有多大比例是通过借债来筹集的，以及企业保护债权人利益的程度。其计算公式为：

资产负债率 = 负债总额 ÷ 资产总额 ×100%

一般情况下，资产负债率越低，表明企业长期偿债能力越强。国内的观点认为资产负债率不应高于 50%，而国际上通常认为资产负债率等于 60% 较为适当。在现实中，企业的资产负债率往往高于该比例。

资产负债率越高，表明企业偿还债务的能力越弱，风险较大；反之，企业偿还债务的能力越强。对于债权人来说，总是希望资产负债率越低越好，这样企业偿债有保障，贷款不会有太大风险。对于股东来说，最值得关心的主要是投资收益的高低，在资本利润率高于借款利息率时，负债比率越大越好；否则，负债比率越小越好。

企业的长期偿债能力受盈利能力的影响很大，因此，实践中通常把长期偿债能力分析与盈利能力分析结合起来。

2. 产权比率

产权比率又称"负债股权比率"，是负债总额与所有者权益总额的比率。它表明了债权人提供的资金与所有者提供的资金之间的比例，以及单位投资者承担风险的程度。其计算公式为：

产权比率 = 负债总额 ÷ 所有者权益总额 × 100%

产权比率与资产负债率对评价偿债能力的作用基本相同。两者的主要区别是资产负债率侧重于分析债务偿付安全性的物质保障程度，产权比率则侧重于揭示财务结构的稳健程度以及自有资金对偿债风险的承受能力。高产权比率意味着高风险的财务结构。

3. 权益乘数

权益乘数是资产总额与所有者权益总额的比值。权益乘数可以反映出企业财务杠杆作用的大小。权益乘数越大，表明股东投入的资本在资产中所占的比重越小，财务杠杆作用越大。其计算公式为：

权益乘数 = 资产总额 ÷ 所有者权益总额

4. 已获利息倍数

已获利息倍数又称"利息保障倍数"，是指企业息税前利润总额与利息费用的比率。它可用于衡量单位偿付借款利息的能力。

已获利息倍数不仅反映了企业的盈利能力，还反映了企业支付债务利息的能力。一般情况下，已获利息倍数越高，企业的长期偿债能力越强。国际上通常认为，该指标等于3较为适当。从长期来看，该指标至少应该大于1。若已获利息倍数太低，则说明企业难以按时按量支付债务利息。

已获利息倍数反映了支付利息的利润来源（息税前利润总额）与利息支出之间的关系，该比率越高，企业的长期偿债能力越强。从长期来看，已获利息倍数至少要大于1（国际公认标准为3），也就是说，息税前利润总额至少要大于利息费用，企业才具有偿还债务利息的可能性。如果已获利息倍数过低，那么企业将面临亏损、偿债安全性与稳定性下降的风险。在短期内，已获利息倍数小于1代表企业仍然具有利息支付能力，因为计算息税前利润总额时减去的一些折旧和摊销费用并不需要支付现金。但这种支付能力是暂时的，当企业需要重置资产时，势必发生支付困难。因此，在分析时需要比较企业连续多个会计年度（如5年）的已获利息倍数，以说明企业付息能力的稳定性。

二、盈利能力分析

企业盈利不仅关系到所有者的利益，还关系到债权人及其他利益相关者的利益。盈利能力是指企业在一定时期内获取利润的能力。反映企业盈利能力的指标有很多，通常使用的指标主要有销售毛利率、销售净利率、成本费用利润率、总资产净利率和净资产收益率等。

（一）销售毛利率

销售毛利率又称"毛利率"，是企业毛利额与销售收入的比率。其中，毛利额是销售收入与销售成本之差。相关计算公式为：

销售毛利率 = 毛利额 ÷ 销售收入 × 100%

毛利额 = 销售收入 − 销售成本

【例】某公司2019年的销售收入为15 000万元，销售成本为7 000万元，试计算销售毛利率。

解：毛利额 =15 000–7 000=8 000（万元）

销售毛利率 =8 000 ÷ 15 000 × 100%≈53%

销售毛利率表示每1元销售收入扣除销售成本后，有多少资金可用于各项期间费用和形成盈利。毛利额是基础，如果没有足够大的毛利额，企业就不可能盈利。

（二）销售净利率

销售净利率是企业净利润与销售收入净额的比率。其计算公式为：

销售净利率 = 净利润 ÷ 销售收入净额 × 100%

【例】某公司2019年的净利润为5 000万元，销售收入净额为15 000万元，试计算该公司的销售净利率。

解：销售净利率 =5 000 ÷ 15 000 × 100%≈33%

该指标反映的是每1元销售收入净额带来的净利润。销售净利率越高，反映企业主营业务的市场竞争力越强、发展潜力越大、盈利能力越强。

（三）成本费用利润率

成本费用利润率是企业一定期间利润总额与成本费用总额的比率。相关计算公式为：

成本费用利润率 ＝ 利润总额 ÷ 成本费用总额 ×100%

成本费用总额 ＝ 销售成本 ＋ 营业费用 ＋ 管理费用 ＋ 财务费用

【例】某公司 2019 年的利润总额为 6 000 万元，销售成本为 12 000 万元，营业费用为 5 000 万元，管理费用为 3 000 万元，财务费用为 2 000 万元，试计算该公司的成本费用利润率。

解：成本费用利润率 ＝6 000 ÷（ 12 000+5 000+3 000+2 000 ）× 100%≈27%

该指标值越高，反映企业为取得利润付出的代价越小，成本费用控制得越好，盈利能力越强。

（四）总资产净利率

总资产净利率又称"总资产收益率"，是企业一定时期的净利润和资产平均总额的比值，可以用来衡量企业运用全部资产获利的能力，反映企业投入与产出的关系。其计算公式为：

总资产净利率 ＝ 净利润 ÷ 资产平均总额 ×100%

资产平均总额 ＝(年末资产总额 ＋ 年初资产总额)÷2

【例】某公司 2019 年净利润为 5 000 万元，年初资产总额为 20 000 万元，年末资产总额为 25 000 万元，试计算该公司的总资产净利率。

解：总资产净利率 ＝5 000 ÷ [（ 25 000+20 000 ）÷ 2]× 100%≈22%

（五）净资产收益率

净资产收益率又称"所有者权益报酬率"，是企业一定时期的净利润与平均净资产总额的比率。净资产收益率可以反映资本经营的盈利能力。净资产收益率越高，企业的盈利能力越强。其计算公式为：

净资产收益率 ＝ 净利润 ÷ 平均净资产总额 ×100%

平均净资产总额 ＝(年末净资产总额 ＋ 年初净资产总额)÷2

【例】某公司 2019 年净利润为 960 万元，年初净资产总额为 12 000 万元，年末净资产总额为 15 000 万元，试计算该公司的净资产收益率。

解：净资产收益率 ＝960 ÷ [（ 15 000+12 000 ）÷ 2]× 100%≈7%

净资产收益率反映了股东权益的收益水平，用以衡量企业运用自有资本的效率。该指标越高，说明投资带来的收益越高。该指标的综合性最强，因此它是最常用的评价企业盈利能力的指标。在我国上市公司业绩综合排序中，该指标居于首位。

三、营运能力分析

营运能力是指企业在经营管理中利用资金运营的能力，主要表现为资产管理，即资产利用的效率。营运能力反映了企业的劳动效率和资金周转情况。人们通过对企业营运能力的分析，可以了解企业的营运状况和经营管理水平。劳动效率高、资金周转状况好，说明企业的经营管理水平高、资金利用效率高。

资产营运能力取决于资产的周转速度，通常用周转率和周转期表示。周转率是企业在一定时期内资产的周转额与平均余额的比率。它反映了企业资产在一定时期的周转次数。周转期是周转次数的倒数与计算期天数的乘积。它反映了资产周转一次所需的天数。

评价企业营运能力的常用财务比率有应收账款周转率、存货周转率、流动资产周转率、固定资产周转率和总资产周转率等。

（一）应收账款周转率

应收账款在流动资产中有着举足轻重的作用。及时收回应收账款不仅可以提高企业的短期偿债能力，还可以反映企业较强的应收账款管理水平。目前，应收账款周转率是评价应收账款流动性的重要财务比率。其计算公式为：

应收账款周转率 = 销售净额 ÷ 平均应收账款余额

平均应收账款余额 =（年初应收账款余额 + 年末应收账款余额）÷2

式中，销售净额可以从利润表中取数。

需要指出的是，上述公式中的应收账款包括会计核算中的应收账款和应收票据等全部赊销款项。如果应收账款余额的波动较大，就应当尽可能详细地计算资料，如按每月的应收账款余额来计算其平均占用额。

【例】某公司 2019 年末的应收账款为 1 500 万元，年初的应收账款为 500 万元，销售净额为 3 000 万元，试计算该公司的应收账款周转率。

解：应收账款周转率 =3 000 ÷ [（1 500+500）÷ 2]=3

一般情况下，应收账款周转率越高越好。应收账款周转率高，表明企业收账迅速、账龄较短、资产流动性强、短期偿债能力强，可以减少收账费用和坏账损失。影响该指标正确计算的因素有季节性经营、大量使用分期付款结算方式、大量使用现金结算、年末大量销售或年末销售大幅度下降。这些因素都会对该指标的计算结果产生较大影响。此外，应收账款周转率过高，可能是奉行了比较严格的信用政策、信用标准和付款条件过于苛刻的结果。这会限制销售量的扩大，从而影响企业的盈利水平。这种情况往往表现为存货周转率偏低。如果企业的应收账款周转率过低，就说明企业催收应收账款的效率太低，或者信用政策过于宽松，这样会影响企业资金的利用效率和资金的正常周转。因此，人们在使用该指标进行分析时，应结合该企业前期指标、行业平均水平及其他同类企业的指标来判断该指标的高低，并对该企业做出评价。

应收账款周转天数反映了企业从取得应收账款的权利到收回款项，并将其转换为现金所需的时间。应收账款周转天数越短，反映企业的应收账款周转速度越快。其计算公式为：

应收账款周转天数 =360÷ 应收账款周转率

（二）存货周转率

在流动资产中，存货所占比重一般较大，存货的流动性对流动资产的流动性影响很大。存货周转分析的目的是找出存货管理中的问题，使存货管理在保证生产经营正常进行的同时尽量节约营运资金，以提高资金的使用效率、增强企业的短期偿债能力，进而促进企业管理水平的提高。存货周转率是评价存货流动性的重要财务比率，反映了存货的周转速度。相关计算公式为：

存货周转率 = 销售成本 ÷ 平均存货余额

平均存货余额 =（期初存货余额 + 期末存货余额）÷2

式中，销售成本可以从利润表中取数。

【例】某公司 2019 年末的存货为 1 000 万元，年初的存货为 500 万元，销售成本为 1 500 万元，试计算该公司的存货周转率。

解：存货周转率 =1 500÷[（1 000+500）÷2]=2

存货周转率反映存货的周转速度，可以用来衡量企业的销售能力及存货水平。一般情况下，存货周转率过高，表明存货变现速度快、周转额较大、资金占用水平较低；存货周转率低，往往表明企业经营管理不善，销售状况不好，造成存货积压。存货周转率并非越高越好。若存货周转率过高，也可能反映企业在存货管理方面存在一些问题，如存货水平太低，或采购次数过于频繁、批量太小等。

财务人员在对存货周转率进行分析时，除应分析批量因素、季节性因素外，还应对存货的结构和影响存货的重要项目进行深入调查与分析，并结合实际情况做出判断。

存货周转天数表示存货周转一次经历的时间。存货周转天数越短，说明存货周转的速度越快。其计算公式为：

存货周转天数 =360÷ 存货周转率

（三）流动资产周转率

流动资产在企业资产中占有重要地位，因而管理好流动资产对提高企业经济效益、实现财务管理目标有重要的作用。

流动资产周转率是销售净额与全部流动资产的平均余额的比值，是反映全部流动资产利用效率的指标。相关计算公式为：

流动资产周转率 = 销售净额 ÷ 全部流动资产的平均余额

全部流动资产的平均余额 =（流动资产期初余额 + 流动资产期末余额）÷ 2

【例】某公司 2019 年末流动资产为 10 000 万元，年初流动资产为 6 000 万元，销售净额为 16 000 万元，试计算该公司的流动资产周转率。

解：流动资产周转率 =16 000 ÷ [（10 000+6 000）÷ 2]=2

一般情况下，流动资产周转率越高越好，表明以相同的流动资产完成的周转额越多，流动资产的利用效果越好。流动资产周转速度快，意味着企业相对节约流动资产或相对扩大资产投入，从而提高了企业的盈利能力；流动资产周转速度缓慢，意味着企业需要补充流动资产，从而降低了企业的盈利能力。流动资产周转天数的计算公式为：

流动资产周转天数 =360 ÷ 流动资产周转率

（四）固定资产周转率

固定资产周转率是销售净额与固定资产平均净值的比率，用于反映企业全部固定资产的周转情况，是衡量固定资产利用效率的一项指标。相关计算公式为：

固定资产周转率 = 销售净额 ÷ 固定资产平均净值

固定资产平均净值 =（期初固定资产净值 + 期末固定资产净值）÷ 2

【例】某公司 2019 年末固定资产净值为 10 000 万元，年初固定资产净值为 8 000 万元，销售收入净额为 15 000 万元，试计算该公司的固定资产周转率。

解：固定资产周转率 =15 000 ÷ [（10 000+8 000）÷ 2]≈1.67

固定资产周转率主要用于分析企业大型固定资产的利用效率。在通常情况下，固定资产周转率高，表明企业固定资产利用充分、固定资产投资得当、固定资产结构合理，能够充分发挥效率。固定资产周转天数的计算公式为：

固定资产周转天数 =360 ÷ 固定资产周转率

（五）总资产周转率

总资产周转率是企业销售净额与企业平均资产总额的比率，用于反映企业全部资产的利用效率。相关计算公式为：

总资产周转率 = 销售净额 ÷ 平均资产总额

平均资产总额 =（期初资产总额 + 期末资产总额）÷ 2

【例】某公司 2019 年末资产总额为 25 000 万元，年初资产总额为 25 000 万元，销售净额为 15 000 万元，试计算该公司的总资产周转率。

解：总资产周转率 =15 000 ÷ [（25 000+25 000）÷ 2]=0.6

通常情况下，总资产周转率越高，表明企业全部资产的使用效率越高、企业的销售能力越强。总资产周转天数的计算公式为：

总资产周转天数 =360 ÷ 总资产周转率

第三节　财务综合分析

利用财务比率进行深入分析，虽然可以了解企业各个方面的财务状况，但无法了解企业各个方面财务状况之间的关系。为了弥补这一不足，分析人员可以将所有指标按其内在联系结合起来，以全面反映企业整体财务状况及经营成果，进而对企业进行总体评价。所谓财务综合分析，就是将各项财务指标作为一个整体，应用一个简洁、明了的分析体系系统、全面、综合地对企业财务状况和经营情况进行剖析、解释与评价，以对企业一定时期复杂的财务状况和经营成果做出最综合与最概括的总体评价。财务综合分析的方法有多种，最常用的是杜邦分析法。

杜邦分析法又称"杜邦财务分析体系"，简称"杜邦体系"，是利用各主要财务比率指标间的内在联系，对企业财务状况及经济效益进行综合、系统分析评价的方法。该体系以净资产收益率为起点，以总资产净利率和权益乘数为基础，重点揭示企业盈利能力及权益乘数对净资产收益率的影响，以及各相关指标间的相互影响和作用关系。其因最初由美国杜邦企业成功应用而得名。

杜邦分析法将净资产收益率进行了分解。其分析关系式为：

净资产收益率 = 销售净利率 × 总资产周转率 × 权益乘数

式中，销售净利率是利润表的概括，反映企业经营成果；权益乘数是资产负债表的概括，反映企业最基本的财务状况；总资产周转率把利润表和资产负债表联系起来，使权益净利率可以综合分析、评价整个企业的经营成果和财务状况。

杜邦系统图（一种将总体目标逐一细分的思维导图，能够快速、清晰地确定目标和方法）主要包括净资产收益率、总资产净利率和权益乘数。杜邦系统图在揭示上述几种比率之间的关系后，再将净利润、总资产层层分解，这样就可以全面、系统地揭示企业的财务状况以及这一系统内部各个因素之间的相互关系。

人们从杜邦系统图中可以了解以下情况。

（1）净资产收益率是一个综合性极强的财务比率。它是杜邦系统图的核心，反映了企业筹资、投资以及资产运用等活动的效率。因此，企业所有者与经营者都非常关心这一财务比率。

（2）销售净利率反映了企业净利润与销售收入净额之间的关系。提高销售净利率主要有两个途径：一是扩大销售收入净额，二是努力降低成本费用。

（3）总资产周转率是反映企业运用资产以实现销售收入能力的综合指标。人们可以从资产的构成比例是否恰当、资产的使用效率是否正常、资产的运用效果是否理想等方面对总资产周转率进行详细分析。

（4）权益乘数反映所有者权益与总资产的关系。权益乘数越大，企业的负债程度越高，这不仅会给企业带来较大的杠杆利益，还会给企业带来较大的风险。只有合理地确定负债比例，不断优化资本结构，企业才能最终有效地提高净资产收益率。

净资产收益率与企业的销售规模、成本水平、资本运营和资本结构等有着密切联系。这些相关因素构成了一个相互依存的系统。只有将这个系统内的各相关因素协调好，才能使净资产收益率最大。

第四章　财务管理之财务决策管理

第一节　财务决策

一、财务决策的概念

财务决策是选择和决定财务计划与政策的过程。财务决策的目的是确定最令人满意的财务计划。只有确定有效可行的方案，财务活动才能实现良好效益，实现财务管理目标，实现企业价值最大化。因此，财务决策是整个财务管理的核心。财务预测是财务决策的基础和前提，财务决策是对财务预测结果的分析和选择。财务决策是一种多标准的综合决策，决定了方案的选择。它具有货币化和可衡量的经济标准及非货币化的非经济标准。因此，决策方案一般是很多因素相平衡得出的结果。

二、财务决策的类型

（一）按照能否程序化分类

按照能否程序化分类，财务决策可以分为程序性财务决策和非程序性财务决策。

程序性财务决策是指经常性日常财务活动的决策，非程序性财务决策是指经常性和独特的非常规财务活动的决策。

（二）按照决策涉及的时间长短分类

按照决策涉及的时间长短分类，财务决策可以分为长期财务决策和短期财务决策。

长期财务决策是指涉及时间一年以上的财务决策，短期财务决策是指涉及时间不到一年的财务决策。

（三）按照决策所处的条件分类

按照决策所处的条件分类，财务决策可以分为确定性财务决策、风险性财务决策和非确定性财务决策。

确定性财务决策是指对未来情况有充分把握的事件的决策，每个方案只有一个结果；风险性财务决策是指对未来情况不完全掌握的事件的决策，每个方案有若干结果，但可以通过概率确定；非确定性财务决策是指完全无视未来情况的决策，每个方案都会有几种结果，其结果无法确定。

（四）按照决策涉及的内容分类

按照决策涉及的内容分类，财务决策可以分为投资决策、融资决策和股利分配决策。

投资决策是指资本对外投资和内部分配的决策，融资决策是指资金筹集的决策，股利分配决策是指利润分配的决策。

（五）其他分类

财务决策还可以分为生产决策、市场营销决策等。

生产决策是指在生产领域生产什么、生产多少以及如何生产的决策。它包括如何利用剩余产能、如何处理亏损产品、是否进一步加工产品和确定生产批次等。市场营销决策往往涉及两个方面的问题：一是销售价格的确定，即定价决策；二是如何在销售价格和销售量之间取得平衡，以谋求利润最大化。

三、财务决策的目的

所有决策的目的都是使企业目标最优化。例如，营利性企业财务决策的目的是实现利润最大化，而非营利性慈善组织财务决策的目的是最大化一些非量化目标。财务决策的影响是短期的，因而对战略因素的考虑较少，主要关注的是最大化收入，或在不变收入的条件下寻求最低成本。

四、财务决策的方法

财务决策的方法可以分为两类：定性决策方法和定量决策方法。定性决策方法是一种通过判断事物特有的各种因素和属性来做出决策的方法。它基于经验判断、逻辑思维和逻辑推理。其主要特征是依靠个人经验和综合分析与比较做出决策。定性决策方法包括专家会议方法、德尔菲法等。定量决策方法是一种分析因素和属性之间的定量关系的决策方法。其主要特征是建立变量和决策目标之间的数学模型。根据决策条件，运用比较计算决策结果。定量决策方法主要包括量本利分析法、线性规划法、差量分析决策法、效用曲线法、培欣决策法、马尔可夫法等，这些方法一般用于确定性决策；还包括小中取大法、大中取大法、大中取小法、后悔值法等，这些方法一般用于非确定性决策。

五、财务决策的依据

在做出决策之前，管理者必须权衡和比较备选方案，列出每种备选方案的积极影响和消极影响（包括定量和定性因素），确定每种备选方案的净收益，然后比较每种备选方案的净收益，选择净收益最好的方案实施，这就是决策。在财务决策过程中，成本效益分析贯穿始终，成本效益分析的结果就成为选择决策方案的依据。效益最大或成本最低的备选方案就是管理人员应采取的方案。

六、财务决策的步骤

进行财务决策需经四个步骤。

（1）确定决策目标。确定决策所要解决的问题和要达到的目的。

（2）进行财务预测。通过财务预测，取得财务决策所需的经过科学处理的预测结果。

（3）方案评价与选优。它是指根据预测结果建立几种备选方案，利用决策方法并根据决策标准对各种方案进行分析和论证，做出综合评价，选择最满意的方案。

（4）判断决策正误，修正方案。在决策过程结束时，有必要制订具体的计划并组织实施，控制执行过程，收集执行结果的信息反馈，以判断决策的正确性，在第一时间纠正计划，并确保实现决策目标。

第二节　财务管理法制化

企业财务管理法制建设包括加强企业财务管理法律队伍建设，完善企业财务管理法律法规，完善企业财务管理法律监督体系，确保财务管理规范运行，以求精益求精和科学化发展。企业财务管理合法化有利于提高企业应对各种安全威胁、完成多样化任务的能力。完善企业财务管理法制化是提高资金使用效益的实际需要。完善企业财务管理合法化应着眼于提高资金使用效率。为提高企业财务管理的质量和效率，要依法行政、依法监督、依法管理财务、依法治理财务。

一、财务管理法制化的重要意义

根据现行财务管理制度，企业财务法制监督的职责主要由审计部门、纪检部门承担，但受组织体制等因素的影响，这些部门对本级财务部门展开的法制监督的力度远远不够。一方面，广大群众有积极参与单位财政经济管理和知情权的愿望；另一方面，他们不愿意监督财务法律制度，一些财务执法人员对职业道德和原则不够重视，经常做出非法行为。在企业财务管理实践中，一些部门的领导和财务人员往往重视命令，忽视原则，注重个人感情，依靠个人关系办事。

因此，要加强财务管理法制化，将企业财务安全纳入经济社会发展体系，建立决策机制、协调机制、动员机制和监督机制，依靠国民经济体制进行财务动员、财务规划、财力筹集、资金管理和财政资源分配。充分发挥经济资源的整合效应，提高规模经济资源的整体利用效率，形成依法决策、依法指导、依法运作的良好局面，促进社会和谐发展。

二、财务管理法制化建设的建议

（一）完善企业财务法规体系

企业立法机关和权力机关应当审查情况，修改现行财务规定，废除过时的法律法规，建立明确、结构合理、系统有序的企业财务规章制度，确保各种金融法规的权威性和稳定性，以使它们全部有效，便于财务管理工作在企业财务监管体系中找到相应的依据，为企业财务活动合法性创造有利条件。应加强企业货币资金管理，科学规范财务管理流程，逐步实施财务规定。无论是预付资金申请、审计和报销费用，还是汇编报表和文件，都应该根据财务规定——落实。应制定严格的现金使用规则，严格管理企业账户和账单使用。

（二）健全企业财务法制监督体系

为了实现对企业财务管理全过程监管的目标，我们应该把过去强调事后监管的方法改为对事前、事中和事后监督同等重视。应制定具有广泛覆盖、指挥力度和综合性的企业财务法律监督法规，行使监督权的部门或者个人必须在法律规定的职权范围内，依照法定程序监督法律对象。只有坚持依法监督，才能使监督具有权威和法律效力，从而有效地进行财务法律监督。

（三）改革企业财务执法体制

一是加快企业财务执法程序体系建设，二是建立企业财务执法责任制，三是建立具体、明确、可行的企业财务执法激励机制。根据政治学家威尔逊和犯罪学家凯琳提出的"破窗理论"，如果一所房子有窗户破了，且没有人修理它，很快，其他窗户将会被莫名其妙地打破。"破窗理论"要求各级企业的管理者树立严格执行惩罚制度的思想。一个不公平的执法，或第二次违规不能受到惩罚，看似微不足道，实际上是一个危险而破碎的"窗口"，如果没有及时被修复，将会让更多人来破坏而形成"破窗"。

（四）突出财务人员绩效评价体系

"以人为本"的管理以高素质的财务人员为中心，将管理体制的强制执行转变为财务人员的自觉遵守和实施，将财务人员自身价值的实现与企业的发展目标相结合。为全面提高队伍的政治素质和职业道德，应积极进行岗前培训，要求学员对财务法规与财务制度进行充分了解和掌握，使财务管理人员的法律意识和财务管理能力在培训中得到提高。

第三节　财务运营管理

一、财务运营管理的概念

财务运营管理是一项组织企业活动和处理财务关系的经济管理工作。要做好财务运营管理，必须完成两项任务：一是组织企业的财务活动，二是处理企业与其他相关方之间的财务关系。

二、财务运营管理的内容

依据财务运营管理实践，企业财务运营管理至少要做好以下三个方面的决策。

（一）融资决策

在高度发达的西方商品经济社会中，如果企业要从事生产经营，就必须先筹集一定数量的资金。筹集资金是财务运营和管理最基本的功能之一。

如果企业的财务经理预测其现金流出大于其现金流入，并且银行存款无法完全弥补差额，则必须以某种方式筹集资金。在资本市场非常发达的西方社会，企业所需的资金可以从不同来源通过采取不同方式筹集。各种来源和筹集资金的不同方式都有不同的成本，其使用时间、抵押条款和其他附加条件也不同，从而给企业带来不同的风险。企业财务人员必须正确地判断风险和成本对股票价格的影响，采用最适合企业的融资方式来筹集资金。

（二）投资决策

企业筹集资金的目的是把资金用于生产经营，进而取得盈利。西方财务运营管理中投资概念的含义很广泛，一般来说，凡把资金投入将来能获利的生产经营中去的行为，都叫投资。财务经理在把资金投入各种不同的资产上时，必须以企业的财务目标——股东财富最大为标准。

企业投资按使用时间的长短可分为短期投资和长期投资两种，现分述如下。

1. 短期投资

短期投资主要是指用于现金、短期有价证券、应收账款和存货等流动资产上的投资。短期投资具有流动性，对于提高公司的变现能力和偿债能力很有好处，所以能减少风险。

2. 长期投资

长期投资是指用于固定资产和长期有价证券等资产上的投资，主要是指固定资产投资。

（三）股利分配决策

股利分配决策主要研究如何分配收益、支付股息多少以及保留收益多少。在分配过程中，我们不仅要考虑股东短期利益的要求，定期支付一定的红利，还要考虑企业的长远发展，留下一定的利润作为留存盈余，以便推动股价上涨，使股东获益更多。最理想的股利分配政策是使股东财富最大化的政策。

综上所述，构成财务运营管理基本内容的三种财务决策，是通过影响企业的报酬和风险来影响股票市场价格的，在报酬和风险之间做适当的平衡，可以使股票市场价格最大。这种平衡叫作风险与报酬的平衡。任何财务决策都必须保证风险与报酬的平衡。

三、财务运营管理的目标

（一）企业财务运营管理目标确立要求

市场经济是一种基于市场资源配置的竞争经济。建立企业的财务运作和管理目标必须考虑以下关系。

1. 财务运营管理目标要按照企业管理的最高目标来制定

财务运营管理在企业管理系统中属于子系统，财务运营管理的目标应与企业管理的最高目标一致，通过财务运营管理促进企业管理的最高目标的实现。在制定现代企业财务运营管理目标时，首先要把促进企业可持续发展作为首要考虑因素。

2. 财务运营管理目标要将经济性目标与社会性目标相结合

经济目标强调企业的经济责任，寻求经济效益的最大化，这取决于经济管理的性质。社会目标强调企业的社会责任，追求社会利益的优化，这是由市场主体所处的社会环境决定的。财务运营管理目标不仅要突出经济，还要不局限于经济，必须帮助企业积极履行社会责任，使社会效益和经济效益同时得到优化。

3.财务运营管理目标要将战略性目标与战术性目标进行统一

战略目标着眼于企业的长远利益，寻求行业的长期稳定发展；战术目标强调企业的短期利益和既得利益的增长。长期利益与短期利益之间的对立统一决定了在许多情况下，企业必须放弃一些直接利益才能获得长期利益。为了实现企业的战略目标，企业必须进行战术调整甚至让步。在战略发展思想指导下制定不同时期的经营战术，在确保长远利益的基础上最大限度地获取短期利益，实现战略性目标与战术性目标的有机结合，是确立财务运营管理目标的正确思路。

4.财务运营管理目标要能很好地兼顾所有者的利益与其他主体的利益

在市场经济中，除了所有者外，还有债权人、雇员、供应商、消费者和政府。各利益相关者之间的关系是"伙伴关系"，强调"双赢"。无论采取何种财务政策，都必须合理考虑企业所有者和其他主体的利益，绝不能区别对待，更不用说忽略任何一方。只有这样，才能妥善处理各种经济关系，保持财政分配政策的动态平衡，赢得各利益相关方的信任和支持，确保企业正常运转，实现可持续稳定发展。

总之，现代企业财务运营管理的目标是企业价值最大化，以满足各方利益，促进现代企业制度的建立，帮助企业实现可持续发展的目标。

（二）企业价值最大化的体现

从财务运营管理的角度出发，企业价值最大化目标具体体现在以下几个方面。

1.市场竞争能力

人们普遍认为，由营业额、市场份额、技术水平和客户需求实现程度等构成的综合竞争力是企业成败的重要因素。如果决策行为追求竞争力，即使现在略微盈利或亏损，也有利于企业的长远发展，随着竞争力的增强，发展潜力将越来越大。

因此，我们认为企业价值最大化目标的主要内容是市场竞争力。

2.获利能力和增值能力

投资回报率、经营利润率和成本利润率反映的盈利能力是衡量与评估企业可持续发展能力的另一个重要因素。利润是市场经济条件下企业生存和发展的基础，也是开展财务运营管理工作的基本目的，任何企业都必须坚定不移地追求利润，实现合法利润最大化。但我们不能将利润最大化等同于企业价值最大化，否则我们将回归利润最大化的旧方式。

3.偿债能力与信用水平

企业的偿债能力与其可持续发展能力是分不开的，具有较强偿债能力的企业普遍具有良好的发展势头或潜力，但由于资产负债率、流动性比率、快速流动比率等指标反映了偿债能力，企业如果不能将这种能力主动转化为行为，及时全额偿还债务，将失去债权人的支持与合作，也将影响其可持续发展能力。因此，当我们将偿付能力作为企业价值最大化的支撑因素时，我们也必须关注有关企业的信用水平和财务形象。只有将强大的偿付能力和良好的财务形象有机结合，才能最大化企业的可持续发展能力。

4. 资本营运能力

应收账款周转率、存货周转率等指标用于衡量企业财务资源的使用效率。一般来说，这两个周转率都很高，表明企业处于良好的经营状态，供应强劲，产销转换能力强，处于正常发展状态。相反，它表明企业的销售渠道不畅通，资金回收缓慢，供给、生产和营销转换周期长。在这种情况下，企业很难实现持续稳定的发展。

5. 抵御风险能力

市场经济复杂多变，奖励和风险并存。一般来说，奖励越大，风险越大；奖励越高，风险越高；奖励越高，企业的可持续发展能力越强；风险越高，可持续发展能力越弱，甚至丧失。因此，要衡量可持续发展能力是否达到最大，我们不仅要分析回报率（盈利能力），还要考察企业抵御风险的能力。只有当奖励和风险处于最佳组合点时，企业的可持续发展能力才能达到最大化。

（三）企业价值最大化的实现

1. 选择合适的企业财务运营管理体制

如果企业规模不大，那么选择企业财务运营管理系统没有问题。为了实现规模效应，许多企业需要考虑此时应采用何种企业财务运营管理系统。人们普遍认为，核心企业应采用集中财务制度；紧密层企业应采用分散财务制度，即集团总部做重大财务决策，紧密层企业做小额财务决策，以及紧密层企业要实施总部决策；半紧密层企业即一般企业应采用企业控制和分散的金融体系，即各部门通过内部系统间接影响或控制其下属企业的财务决策；而松散和协作的企业则应采用完全分散的财务体系。

2. 充分利用现代技术收集决策所需信息

财务决策需要收集大量数据，如历史数据、市场动态以及政策和法规的前瞻性信息。手动收集、整理和分析这些信息显然是耗时且费力的，并且很容易出错。因此，必须使用计算机技术来建立相应的数学模型，以提高准确性和效率。

3. 有效利用企业各种资源

在财务运营管理中不能就资金论资金，也不能只注重质量和成本的管理，而应从更大范围上着手，如应做好人力资源的管理、企业品牌的管理等。

企业需建立吸引、培养、留住人才的报酬机制，在注重有形资产管理的同时，注重无形资产的创建和管理。以品牌为导向，在优秀人才的努力下，通过优质的服务，发展具有企业特色的目标市场和消费群体，可以从根本上解决企业长期生存和发展的问题。

4.将财务监管应用于企业经营全过程

企业应配备高素质人才，建立相应的内部控制制度，对企业经营的全过程进行财务监督。例如，资本结构、长期外资增加或减少、资金投入、对外担保、关键设备抵押、年度财务预算、工资和利润分配方案及运作、绩效考核与奖励、成本计划与控制、价格确定与调整、贷款回收政策、货物购买计划等均为全方位财务监督的监督对象，从而确保企业资产的保值与增值。

第四节　从卓越运营到卓越管理

一、打造与众不同的企业

许多企业不仅拥有完善的业务流程，如"订单到现金"、"购买到付款"、"投资到淘汰"或"开发到发布"，还投入了大量资源来重组业务流程或实施企业资源计划（ERP）、客户关系管理、供应链管理和其他业务管理系统，以便企业中的每位成员都可以清楚地了解业务流程，并确保业务流程可靠、统一且可预测。

但管理流程是什么样的？当我们向世界各地的客户和读者询问这一点时，他们要么保持沉默，要么认为它只是预算编制、财务报表准备、资源管理和差异分析。人们在描述管理流程时最接近的说法是 PDCA 循环（计划—执行—检查—调整）。

管理流程不像业务流程定义得那么清楚，这令人担忧，因为企业获得竞争优势越来越依赖于管理流程而非业务流程。大多数企业在降低流程成本的同时，也都在优化它们提供的产品和服务的质量，并且做得很出色。但问题是，很多企业在这方面都做得很好，这就导致卓越运营不再是某家企业的独特优势（或差异化因素），而是一个必备条件。在新的环境中，要想做到与众不同，企业必须是智能、敏捷和协调一致的。

（一）智能

企业不缺市场或内部运营数据。关键问题是如何让每个人都可以访问相同的数据以及如何解释和使用数据。

（二）敏捷

许多文章或报告都以"现在业务变得越来越复杂"或"现在业务正以惊人的速度加速"开头。这些话虽然是老生常谈，但确实如此。在这样的环境中，最有可能成功的企业是敏捷和灵活的企业。

（三）协调一致

麻省理工斯隆管理学院的托马斯·马龙教授在《未来的工作》一书中指出，尽管并购活动频繁，但由于外包和专注于核心能力，企业的平均规模却缩小了。为了取得成功，价值链中的所有企业都需要密切协作。此外，今天的大部分创新都来自合作。例如，苹果和耐克公司合作，共同向 iPod 推出慢跑统计数据；在航空业，相互竞争的航空公司组成了寰宇一家、天合联盟或星空联盟等。在这里，战略优势来自关系管理而非流程管理。

智能、敏捷和协调一致不属于卓越运营的范畴，而是阐明了我们所说的卓越管理。管理造就不同，而企业绩效管理（EPM）则是造就不同的驱动因素。遗憾的是，传统的 EPM 侧重于管理或 PDCA 循环，这是一种由内部到外部的方法。

英国克兰菲尔德大学最近的一项研究表明，大多数公司过于关注内部，并没有使用足够的外部信息或基准测试。这与优秀的管理不同，后者是从外到内、从内到外协调的艺术。加州大学安德森商学院的鲁梅特尔教授指出，为了显著提高绩效，需要首先确定环境的变化，其次快速巧妙地管理它们。换句话说，要了解利益相关者的贡献和需求（一致性）、市场动态（敏捷性）以及对数据（智能）的出色解释。战略指导来自外部，它告诉我们计划什么、实施什么、检查什么以及调整什么。这需要更好地理解管理流程，如我们提倡的管理流程——从战略到成功（Strategy to Success，S2S）。

二、从战略到成功

从战略到成功的管理流程是波特定义的跨业务流程的价值链概念的扩展。与所有业务流程一样，S2S 管理流程包含许多步骤：需要了解利益相关者环境，检查市场，制定业务模型战略，管理业务计划，开展业务运营，并通过评估业务成果提供各级反馈。

（一）利益相关者环境

绩效管理并不是一种自上而下的操作，即把战略目标转换为成功因素、关键绩效指标以及最后的改进计划。企业是在不同利益相关者的网络中运作的，每个利益相关者都为企业的绩效做出了贡献。员工工作，股东提供资金，供应商和合作伙伴提供设计、制造与销售产品所需的原材料及服务，客户提供需求，社会提供基础设施，监管机构确保公平竞争。只有确定利益相关者的需求，我们才能充分利用这些贡献。我们需要使这些贡献与需求相互对应，并将此作为绩效管理策略的基础。

未来几年EPM最重要的发展趋势之一，将是编制可持续发展报告——收集、分析和共享企业在经济效益、社会责任与环境效应方面的影响的有关信息。当利益相关者管理成为绩效管理的起点时，企业透明度将不再是问题。

（二）市场模型

企业的外部利益相关者想要的不是企业的预算，而是企业的计划、预测和市场指导。如果企业没有看到影响它的外部趋势并且没有引导它，那将会产生严重的后果。利益相关者将对管理者的管理能力失去信心，股票价格可能会受到影响，最终这些机构将降低对管理者的评级，从而导致资本成本增加。这是一个相当真实的商业情况。了解市场动态是评估战略方案的第一个关键步骤，旨在定义正确的战略目标。新产品和服务被推出，新的竞争者进入市场，消费者行为不断变化，并且业务加速运转：大多数企业都将用于预测这些趋势的所有外部数据存储在其竞争情报（CI）职能部门。同时，在广泛的商务智能（BI）系统中可以随时获得有关资源和活动的内部信息。但问题是，CI和BI很少相结合。

（三）业务模型

绩效管理始于一个支持战略决策的原则，涉及的系统称为"决策支持系统"（DSS），通常使用现在所谓的OLAP数据库来运行假设分析。企业有许多不同的战略选择可以影响它们的发展，并确定商业模式和商业模式中最好的利益相关者，可以帮助它们取得最大的成功。管理者是想推出新产品以实现创新和发展，还是想寻求合作伙伴？如果管理者需要缩减生产规模，是否要削减业务部门或降低整个企业的产能？企业应该外包和保留哪些活动？这些问题无法通过计算投资回报来解决，但可以通过协调市场需求来解决。场景分析在20世纪70年代和80年代很流行，这种战略绩效管理计划，在历史舞台上再次出现了。

（四）业务计划

在此阶段，我们探讨更传统的绩效管理，即使用PDCA循环。企业设定目标并制订计划来实现那些目标。企业要严密监控计划的执行并分析异常。要报告结果，并根据反馈设定新目标。不过，计划不应是以后转变成经营活动的年度财务任务。从本质上讲，它应该更具操作性，市场及利益相关者的需求应与内部资源和活动的能力相平衡，这应该转化为业务模型阶段的（财务）目标。

这是滚动预测如此重要的原因。对市场或内部产能的每一个变化都应进行新的运营预测和财务预测。差异分析并不基于预算，而是对企业和其余市场所做的相对比较。

（五）业务运营

在业务运营阶段，每个策略都需要实践来检验。洞察力、策略和计划都必须是可操作的并且要付诸实施，还应被严密监控执行。但绩效管理所需的并不只是监控单个流程。绩效管理需要涵盖不同的业务领域，并根据因果关系创建见解。例如，如果销售回收周期（DSO）增加并且呼叫中心显示投诉急剧增加，可能是由客户服务不良导致客户不满意，也可能是为了节约成本而推迟供应商付款造成的。

经济学家情报研究所（EIU）最近的一项研究发现，企业需要更多企业级别的数据，孤岛式信息被认为是绩效管理成功的主要障碍之一。为了进行这种跨域分析，绩效管理的主要趋势之一就是实施主数据管理，确保所有区域都使用相同的产品表、客户表、企业表和其他参考表。许多运营评估都可以实现标准化；企业自己定义的缺勤或 DSO 无法显示竞争差异，而使用标准化定义便于进行卓越运营的基准测试。

（六）业务成果

如果没有反馈，S2S 过程就是不完整的，应使用绩效指标向从战略到成功过程的每一阶段提供反馈。运营管理需要实时信息，业务规划人员需要绩效差异分析，战略专家需要对总体目标进度的反馈以及与整个市场的比较，还需要了解如何识别贡献以及如何满足需求，以使所有利益相关者受益。信息显示板和计分卡并非只适用于高层管理人员，对所有人都是必需的。

EPM 被定位成具有战略意义的管理原则。EPM 应与业务模式联系在一起，它不仅应该是战术管理的实施，还应该支持战略决策。它不仅应该提供内部管理信息，还应该支持利益相关者管理。它不仅应该以财务为导向，还应该成为企业运营的一部分。所有这些都需要协调一致地进行。我们能够提出的 EPM 的最短定义是"EPM 与 S2S 协调一致"。

第五章　财务管理的具体实践

第一节　模具企业的财务管理

从模具企业发展的角度来看，财务管理主要体现在对企业资金的有效利用、对企业资金未来的规划，以及对企业成本的有效控制等方面。同时，该管理建立的意义在于可以提高模具企业的社会地位。

一、模具行业的现状

从国家各类行业的发展角度来看，模具行业发展的状况不是很明朗。因为随着社会科技的不断进步，传统的手工制造已经无法满足现在社会的需要，同时，它也已经不符合国家的发展趋势了。

（一）模具行业的总体概况

从世界发展的进程来看，国外模具行业的发展效益比我国的发展效益较强。其原因主要在于我国传统的模具行业没有跟上国家创新思想的发展脚步，还有一个原因在于它们没有意识到自己存在的问题。这造成了我国模具行业没有取得发展先机的现象。因此，未来我国模具行业只有做到以下几点才能得到发展。其一，对自身实际情况的认识。只有充分了解自己的不足，才能准确地制定相应的解决措施，从而提高自身的生产效率。其二，对传统制造思想的更新。因为社会是不断变化的，人们的思想不是一成不变的，所以它需要根据国家的相关政策以及社会的变化而改变。综上所述，模具行业只有做到以上几点才能在激烈的竞争环境中取得一席之地。

随着我国经济的不断发展与进步，模具行业的发展重心已经转移到了我国南部沿海地区。在该地区模具行业的发展过程中，一定会存在激烈的竞争。企业要想在这样的竞争环境中脱颖而出，就需要具有改革创新的意识。同时，企业要将该意识实际落实到模具行业的发展过程中，不能光说不练。

（二）模具的定义及特点

（1）模具的定义。模具是工业生产上用以通过注塑（射）、吹塑、挤出、压铸或锻压成型、冶炼、冲压等方法得到所需产品的各种模子和工具。模具是用来制造成形（型）物品的工具，这种工具由各种零件构成，不同的模具是由不同的零件构成的。它主要通过成型材料物理状态的改变来实现物品外形的加工。模具素有"工业之母"的称号。

模具是在外力作用下使坯料成为有特定形状和尺寸的制件的工具，广泛用于冲裁、模锻、冷镦、挤压、粉末冶金件压制、压力铸造，以及工程塑料、橡胶、陶瓷等制品的压塑或注射的成型加工中。模具具有特定的轮廓或内腔形状，应用具有刃口的轮廓形状可以使坯料按轮廓线形状发生分离（冲裁）。应用内腔形状可使坯料获得相应的立体形状。模具一般包括动模和定模（或称"凸模"和"凹模"）两个部分，二者可分可合。分开时取出制件或塑件，合拢时使坯料注入模具型腔成型。模具是精密工具，形状复杂，承受坯料的胀力，对结构强度、刚度、表面硬度、表面粗糙度和加工精度都有较高要求，模具生产的发展水平是机械制造水平的重要标志之一。

（2）模具的特点。①单件生产，制造成本高。模具不能像其他机械那样作为基本定型的商品随时都可以在机电市场上买到，因为每副模具都是针对特定的制件或塑件的规格而生产的，由于制件或塑件的形状、尺寸各异，差距甚大，其模具结构也是大相径庭，所以模具制造不可能形成批量生产，重复加工的可能性很小。②单件制造加工时间长，工序多。但客户对时间的要求是要快，因为模具是为产品中的制件或塑件而定制的，作为产品，除了考虑质量、价格因素外，很重要的一点就是需要尽快投放市场。③技术性要强。模具的加工工程集中了机械制造中先进技术的部分精华与钳工技术的手工技巧，因此，要求模具工人具有较高的文化技术水平，以适应多工种的要求。

（三）企业管理落后于技术的进步

企业要想在如今的环境中生存和发展，就必须具有最先进的管理意识。该管理意识的建立关键在于要善于利用科学技术的积极作用。科学技术对于企业的发展来说是一把双刃剑。因此，这就需要企业擦亮双眼，根据自身的情况选择适合自己的发展资源，从而提高企业的现代化转型发展。综上所述，在如今的经济发展中，企业转型发展已经是必然的趋势。

我国模具数字化、信息化水平还较低。国内多数模具企业的数字化、信息化停留在 CAD/CAM 的应用上，CAE、CAPP 尚未普及，许多企业尚未建立数据库或正在建立；企业标准化生产水平和软件应用水平较低，软件应用的开发跟不上生产需要。

模具标准件的生产供应滞后于模具生产的发展。在模具行业现有的国家标准和行业标准中有不少标准已经落后于生产需要（有些模具种类至今无国标，不少标准多年未修订）；生产过程的标准化还刚起步不久；大多数企业缺少企标；标准件的品种、规格少，应用水平低，高品质标准件还主要依靠进口；与高端汽车冲压模具配套的铸件的质量问题也不少，这些都影响和制约着模具企业的发展与产品质量的提高。

综上所述，提升企业的管理水平，特别是财务管理水平，是各模具企业提升竞争力的重要因素。

二、模具企业的财务管理目标

从模具企业发展的角度来看，模具企业要想得到未来的发展，就需要建立完整的财务管理目标。无论在哪个行业，财务管理目标都是企业进行日常经济活动的基础。如果一个企业没有完整的财务目标，那么它也不会具有完整的发展体系，也不会在如今的竞争环境中取得较高的发展地位。这也从侧面反映出了企业如果想要做好做强，就需要具有最先进、最完整的财务管理目标。综上所述，模具企业如果想要提高自身的社会地位，就需要根据自身的实际发展情况建立符合国家创新要求的财务管理目标。那么该目标主要体现在哪些方面呢？

（一）企业利润目标最优化

（1）提高效能，降低成本。

（2）提高财务信息化程度，提高接单报价的准确性。

模具产品往往采用单件产品报价制，通过单件产品的报价，在源头上把控收入的毛利。

（3）提高单个项目的管理水平，精确开展项目核算。

模具产品从接单到设计、加工、预验收、试制、终验收，周期长，跟进的难度大，如果中间再有改模等要求，项目的周期就会更长，故项目管理得好可直接提高公司的利润。

（二）公司股东回报最优化

（1）公司股东回报最优化产生的核心条件是良好的财务发展环境。该环境可以为股东提供更多的收益。

（2）适当增加财务杠杆，灵活使用各项债务资金。

（三）公司价值最大化

企业要增加社会责任，提高研发经费，制造出更多符合社会进步需要的产品，以保障企业的长远经营，使公司实现价值最大化。前述两个目标最终需要服从公司价值最大化的目标。

模具企业目前的状况是小而多,大家都在进行较低层次的竞争,故需要配合业务的发展战略来制定具体的不同阶段的财务管理目标。首先是生存,其次是发展,再次是通过资本市场的放大效应进行并购重组,完成产业的整合及发展,最后达到公司价值最大化。

三、模具企业的预算管理

全面预算管理是企业全面发展、增强自身综合实力的保障,也是企业发展和投资方向的总体引导。目前,模具制造企业在全面预算上主要存在以下几个问题。首先,预算管理的意识不够全面,预算管理的片面性,导致参与预算的部门不能有效地进行预测结果的编制,容易出现部门指标与预算指标不统一的现象,使企业管理者无法进行准确的财务分析,不利于实现企业资金的合理分配。其次,在预算编制的制定上,很多企业忽视了当前企业的发展状况,不能有效地分析自身的短板和长处,导致在实现预算目标的过程中不能有效地进行财务控制,使预算管理脱离实际。最后,在制造企业的财务管理中,还存在预算机制不明确的现象,不能有效地执行,预算机制的可行性差,过于追求财务指标,忽视了预算的可行性,在实际生产过程中不能根据企业的发展状况进行随时调节,以及修正偏差。

模具企业的预算需结合行业特点及企业自身的情况进行编制,具体有效的预算方法主要分为以下九个步骤。

(1)业务预算:财务部门统一制定相关的表格,可通过 IT 信息系统或表格化,交由业务部门填制,核心的要素是分月、分客户、分订单编制客户的预算,包括金额、订单的加工时间及完成交付的时间,并且做到跟上年度的结合,主要是订单实现销售计划等。

(2)生产预算:根据业务预算,财务部门统一制定相关的表格,交由生产制定部门根据业务订单计划,编制生产计划,生产计划表的核心要素是分月、分订单、分工艺流程地进行生产计划预算;模具是单件非标准化生产,故需要按订单分单个模,并把单个模作为项目进行归集。

(3)采购预算:财务部门统一制定相关的表格,交由采购部门根据生产计划预算制度采购预算,主要分为材料品种及供应商、采购数量及采购金额等内容。

(4)各项费用预算:财务部门统一制定相关的表格,分别交由各部门进行制造费用、管理费用和销售费用的预算,制造费用能直接计入订单或项目的,尽量计入项目中进行归集。

(5)各项投资的预算:根据销售及生产计划,公司需要增加的各项资产投资或其他厂房等投资预算，分为月投资计划及付款计划等内容。

（6）资金的预算：主要根据销售预算及销售政策，预算现金的收入，再根据生产预算、采购预算和采购政策，列出每次的现金收支情况，再加入需要融入及还款的金额，从而完成财务费用预算。

（7）财务部门或各级独立子公司完成汇总编制，形成公司的年度预算，并向公司进行汇报，如不能达到公司目的，需由上到下进行二次调整，再由下到上进行再一次的申报汇总，企业根据实际情况可能需要进行多次来回的调整。

预算管理的核心是指导公司业务的开展，提早做好资金规划，确保年度经营目标的完成。

（8）预算的过程跟进：每月结算后需要将每个模具项目同原来的预算进行核对，确保公司经营在预算范围内，并及时修订预算中不合理或预算条件已变化的情况。

（9）预算的考核：通过预算考核可以落实到具体的负责人。

四、模具企业的资金管理

模具行业是单件、非标准化的生产，相对于其他产品，加工周期长，最终验收时间也长，加工设备价值高，属于资金密集型及技术密集型产业，这也就决定了其在生产经营过程中需要更多现金来作为强有力的保障，故多数模具企业需要通过更多的融资渠道来获取资金。然而，就目前金融市场的发展情形来看，制造业企业可融资的渠道越来越少。因此，许多制造业企业目前依靠债务筹资或者银行贷款的方式进行生产经营活动。综合来看，资金管理就显得尤为重要，而管理好公司的收入及支出是资金管理的重点，可从以下五个方面进行管控。

（一）应收款项的管控，保障公司的资金流入及时可控

（1）建立相关的管理组织，确保每一单款项均能落实到人，从而承担组织保障。

（2）建立完整的客户档案，对客户进行信用评级并进行授信，客户的信用等级及信用额度可以通过制定《客户信用管理制度》明确相关的规则。

（3）通过授信政策，对销售的过程进行管理，在核心合同签订前参与客户的信用政策（简单来说是回款的政策）。

（4）对账，即每月财务人员需要对所有的客户进行一次往来账核对，以确保数据准确，同时也起到了催收的作用。

（5）对于即将逾期的款项应提前跟催，以避免逾期；对于已逾期的应注明逾期原因及预计回款时间，因客户产生的逾期款，应根据其逾期天数及逾期金额制订相应的催款计划，采取不同的催收政策进行催收，同时按逾期的严重性制定相关的催收政策。

（6）对相关人员建立相应的奖罚机制，确保员工回款的主动性。

（二）存货的管控

（1）制订完整的生产计划，合理安排用料。

（2）与供应商建立核心供应商关系，做好供货周期的管理，降低备货量。

（3）加强在制品的管控，确保在制品或制件能及时输出。

（4）定期盘点并及时清理不良或呆滞存货。

（5）对供应商的采购支付政策，通过同销售回款做到协同，确保收付相对平衡。

（三）现款（含银行存款）的管控

（1）与主要的开户银行签订现金管理协议，统一管控各银行及各地的账号，使所有款项归集，使现金得到充分有效的使用。

（2）跟上社会科技的进步，所有结算均采用网上银行或电票的方式，减少或不用现金及纸票进行收支，以保障安全，同时提高资金的流通效率。

（3）建立银行及现金日报表制度，每天跟进库存资金的情况。

（4）争取做到零现金管理，主要是充分利用各金融机构的授信政策，争取做到法人透支的授信模式，即平时账上余额为零，实际可以透支，类似信用卡。通过这个模式，可以将库存资金降到最低，再通过现金管理系统使各下属机构也能透支。财务部门需要建立相应的透支额度标准。

（四）融资的管理

企业发展到一定规模的标志是企业融资。该融资的产生有利于加强企业之间的联系，从而有利于企业之间进行经验交流。同时，模具行业由于自身特点，需要具备完整的融资体系。

（1）权益资本不能低于 35% 左右，也就是控制公司总体的负债率在 65% 以下，继而确保公司债务融资符合大多数商业银行对制造业的债务率的要求。

（2）通过 2 家以上的战略合作银行、3~4 家的普通合作银行提供日常债务融资，同时建立 1～2 家的融资租赁的合作，确保一些重大设备可采用一些中长期的融资。

（3）与投行或金融机构合作，不定期发行一些中长期的债券，从而确保一些中长期的固定债务融资。

（4）根据业务发展规划，做好各项融资计划，使长、中、短结合。

（5）与社会上各类金融机构保持良好的合作关系，及时获取金融市场的信息。

（五）模具企业的成本管理

对模具企业的成本管理可以看成项目的成本管理，因为模具行业的特点是单个项目进行生产，每个产品都不一样，是非标准化的产品。

（1）做好模具接单的报价，通过 IT 系统，固化报标的各项工艺及材料标准，形成报价机制的及时性和准确性，并及时修订有关的标准。

（2）起用项目管理系统（IT 化），保障项目能够独立核算，精确计算每个项目的实际成本，并与报价预算进行对比跟进，确保生产过程中的各个流程在预算内，如有变化，及时进行分析，必要时返回修改预算标准。

（3）项目完成后，完成每个项目结算，独立计算项目的收益情况，确保每个项目在公司的可控范围内。

模具企业的财务管理，主要是根据行业的特点，重点做好资金的周转管控，提高融资能力，降低融资成本，管好项目成本，再结合资本的运作，做好产业的并购，完成公司的快速整合及业务发展。

第二节 事业单位财务管理

财务管理属于事业单位内部管理的重要板块，有效的财务管理可以规避财务风险，给事业单位的顺利发展奠定基础。但是，当前事业单位在财务管理环节显露出一些不足，需要我们及时采取相应的措施将其解决。

一、事业单位财务管理的作用

（一）有效协调单位各部门之间的工作

事业单位内部的各个部门间紧密联系，而财务部门在每个部门中都起着决定性作用。因此，事业单位只有强化内部财务管理，才能有效协调每个部门之间的工作，提高事业单位的工作效率。

（二）保障单位的资产安全

事业单位获得发展资金的途径是财政拨款，因此，内部财务管理工作做好了，可以使单位的管理行为更加规范，促进单位各个部门工作的顺利开展，保障单位资产的安全，及时规避财务风险，有效遏制贪腐行为，从而使资金发挥最大的作用。

（三）提高会计信息的准确性

制定完备规范的会计工作系统并将其高质量地施行，明确分工，发挥各个岗位之间相互制约和监督的功能，呈现准确可靠的会计信息，是事业单位内部会计控制的重要组成部分，事业单位一旦忽略了内部会计控制，缺乏科学合理的内部会计控制制度，会计信息在传播过程中就容易与实际不符，造成会计信息缺乏准确性。此外，如果单位欠缺对内部会计控制制度的实行力度，就会阻碍有关规章制度发挥整体效能，并且很难获取准确的会计资讯。因此，只有强化内部财务管理，才能提供可靠准确的会计信息，为单位做出准确的决策做准备。

（四）促进事业单位的健康发展

事业单位不以获取大额利润为目的，在财产的预算、使用以及审核层面是通过财务部门的计划控制来完成的。科学完备的财务管理体系可以促进事业单位对资金的充分使用和配置，使资金被更科学地分配，确保我国事业单位多项工作能有序开展。

二、事业单位财务管理存在的问题

（一）领导对财务管理体制的重视度不高

如今，很多事业单位领导层的财务管理知识水平有限，对建立系统规范的财务管理体制的重视度不高。还有些事业单位领导者，强调财务管理就是财务的收支或者部门预算控制，认为已经设置部门预算就不用再建立会计内控系统，事业单位会计部门的首要工作就是做好有关的付款工作和账簿记录工作，单位资金是由财政统一划拨的，无须财务人员做其他工作。

（二）内部控制制度不完善

有些事业单位内部控制制度不完善，甚至没有设置专业的财务管理部门。与此同时，财务人员与会计人员的职务分配欠缺合理性，出现一人负责很多岗位、岗位交错、岗位责任不清等问题，造成财务管理工作效率偏低，更有甚者会存在投机取巧、营私舞弊等违法违规行为。

（三）财务管理手段不够先进

如今，仍然有事业单位在实行财务管理环节中遵循以往落后的会计处理方法，这不但限制了内部会计控制的效果，降低了控制效率，而且给会计信息的实时共享带来了阻碍，导致内部会计控制的整体效能无法正常发挥。另外，即便有些事业单位顺应时代发展，增加了会计信息软件，但在选择和开发软件功能时仍存在很多不足的地方，加之财务人员业务能力不是很强，很难显现信息软件的功能优点，从而给财务管理的管控信息化造成影响。

（四）欠缺完备的监督考评机构

如今，仍然有些事业单位没有建立对于内部财务管控的监督考评机构，虽然有的事业单位设立了这个机构，但机构的整体效能有待加强。事业单位内部会计控制的监督考评大体包含两个方面的内容：一是以财政部门为首的外部监督，二是以内部审计机构为首的内部监督。在外部监督中，财政部门的职责是监督财政资金使用的合法性，以及单位经济行为的规范性等。但是，在现实中各个部门往往单独完成任务，忽略了相互之间的合作，没有整体核查被监督单位的内部会计控制制度是不是完备、是不是高效实行。内部审计部门片面地注重会计资讯的准确性，缺乏对内部会计控制制度实效性的关注，给单位的会计事务与经济活动的监督效率造成了不良影响。

三、对事业单位财务管理的建议

（一）领导层加强对财务管理的重视

事业单位的领导层要改变原来的思想，抛弃以往对单位财务管理的浅显认知，更深层次地领悟科学的财务管理体制对于提高事业单位工作效率、推动事业单位快速发展的重要意义，积极落实财务管理体制的构建工作。

（二）构建岗位、职位分离制度

针对不能相容的事务，应当指定不同的人员去处理，以降低假账、坏账出现的概率。与此同时，这种做法还可以使员工在工作中互相制约，防止出现弄虚作假的情况。在财务工作中，要特别注意负责记录和审核的人员同付款人员的岗位分离，这三者之间不能存在利益关系。

针对预算内财务工作的日常开支，必须经过各有关部门的签字确认后才可以实行，业务结束之后，要带着有关凭据，经部门负责人审核后才可向财务部门申请报账。对原始凭证的审查要谨慎并妥善保存，会计人员在登记之前也要查验凭证，确认账目准确真实后再记录明细账与总账。

（三）提高会计人员的专业素养

首先，对事业单位会计工作人员进行必需的思想政治教育，保证全体会计工作人员都具有较高的思想领悟和职业道德素养，严格依照规章制度办事；其次，只要存在与道德标准、规章制度相违背的行为，就要给予必要的惩罚，以此在会计工作人员中形成较强的震慑力，督促其提供真实准确的会计讯息；最后，建立完备的激励体制，对于业绩优秀的会计工作人员，要给予适当的物质奖励或精神奖励，调动其积极性，激发其工作热情，使其从头到尾能够依照会计规章制度及时完成领导分配的工作任务，为内部会计控制的无障碍实行提供坚实基础。

（四）优化事业单位的会计管理制度

从严实行会计制度，提高会计核算质量。强化对各种会计凭据的科学化、正规化管理，保障会计凭据填制清晰、准确、正式；强化对各种单据的管理，仔细审查各种外部单据的可靠性、规范性；改进单据流转程序，实现开票、复查、审核收付款每个岗位的适当分隔，增强会计处理程序的规范性，提高会计核算质量。

（五）构建并完善监督评价体系

事业单位只有构建并完善内部财务管控监督评价体系，才有可能推动内部财务管控制度的顺利实行。在外部监督中，财政部门以及政府审计部门要尽量展示自身的权威性，时常监督审查单位内部会计控制制度的实行情况，还要向专门机构咨询有关内部会计控制制度的建立与实行的宝贵建议，避免内部财务管控制度太过形式化。在内部监督中，事业单位要秉持正确的理念，最大限度地发挥内部审计应有的作用，在内部财务管控体系中确认内部审计的重要作用。提高内部审计功能的地位，构建独立和科学的内部审计部门，以便实时发现问题并解决问题。全面监控、评价内部会计控制的设立、实施整个程序，从严按照相应的规章制度进行活动，推动内部会计控制制度的高质量实行。只有把外部审计和内部审计充分联系在一起，形成强大的监督合力，才能促使外部审计与内部审计共同对单位内部会计控制进行系统的监督评价。

通过前文所述可知，财务管理是事业单位内部管理的关键构成部分，科学的财务管理手段对单位的健康、顺利发展有着不可估量的作用。因此，事业单位若想提升自身的竞争实力，维持优势地位，必然要适应时代发展，与时俱进，转变领导层原有的思想观念，构建岗位、职位分离制度，不断提高会计人员的专业素养，完善账务管理制度以及监督评价体系，为事业单位内部会计事务的顺利开展提供稳固基础。

第三节　跨境电商的财务管理

随着互联网技术的飞速发展和经济发展的深度全球化，我国的跨境电商产业迅速崛起，截至 2016 年底，中国跨境电商产业的规模已经超过 6 万亿元，年均复合增长率超过 30%。跨境电商产业在传统外贸整体不景气的经济环境下依然强势增长，本节阐述了在此背景下，财务管理对于跨境电商运营的重要意义，并分析了跨境电商企业在财务管理方面面临的问题，如会计核算工作不规范、缺少成熟的跨境电商财务 ERP 系统，以及跨境电商的税务问题等，提出了相应的财务管理提升方案，旨在促进跨境电商企业财务管理的不断完善。

一、财务管理对于跨境电商运营的重要意义

从世界发展的角度来看,跨境电商的产生是世界进步的必然要求。跨境电商内部的财务管理制度应注意哪些方面?首先,相关财务政策的实践性。众所周知,实践是检验真理的唯一标准,因此,跨境电商财务管理的准确性需要该财务政策具有实践性。其次,财务相关人员的意识发展。财务人员要始终坚信只有跨境电商得到发展,自己的收入水平才会提高。最后,建立完整的财务问题解决措施。该解决措施要从跨境电商的实际情况出发,要保障该措施的科学性。综上所述,如果跨境电商没有完整的财务管理政策,那么它在国际上也不会有发展地位。

二、跨境电商在财务管理上的问题

(一)会计核算工作缺乏规范性

从会计发展的角度来看,跨境电商存在许多的问题。这些问题都来源于跨境电商对于会计核算内涵的不正确认知。那么跨境电商该如何正确地认识到会计核算的内涵呢?首先,要知道会计核算是进行会计管理的基础性条件,同时,会计核算的核心思想是通过真实有效的财务数据为企业发展提供线索。其次,要了解会计核算从哪几个方面进行,并且从这几个方面入手,以确保跨境电商更准确地把握会计核算的内涵。跨境电商对会计核算内涵的准确掌握可以增强跨境电商的财务管理体系。财务管理体系的增强主要体现在以下几个方面:其一,跨境电商内部的监管机制更完善;其二,跨境电商所需的综合型人才得到培养;其三,跨境电商内部的财务记录体系得到发展。综上所述,完整的会计核算要求对于任何企业来说都是有极大意义的,该意义主要体现在企业内部的财务管理制度上。然而对于跨境电商来说,这种意义主要体现在其内部财务记录的制度上,因为财务记录可以反映出数据的真实性。

社会的发展与人的发展同理,对于跨境电商来说,如果想要提升自身的会计核算能力,就需要发展相关人员的思想道德与技术含量。从相关人员的思想道德角度出发,跨境电商该如何培养适合会计核算的人?主要措施在于加强相关人员的会计道德素质,即遵守会计的道德、法律规范。从技术含量的角度出发,跨境电商该如何培养优秀的人才?其措施主要是鼓励相关人员积极考取证书,并且要唤起相关人员对于财务知识的学习意识。

(二)缺乏成熟的跨境电商财务 ERP 系统

跨境电商的产生,是社会经济发展的必然要求。但是相对于其他行业来说,跨境

电商没有完整的发展体系，同时也没有相应的软件设施。因此，这就需要从不同主体的角度出发，对跨境电商的服务软件进行开发与建立。国家要为跨境电商财务软件的开发提供纸质文件。各类行业不能排挤跨境电商这个新兴的产业，而是应当发挥自己前辈的作用，帮助跨境电商建立属于自己的财务软件。综上所述，没有完整的财务软件，就不会有成熟的业务产生。

（三）跨境电商税务问题

随着跨境电商的发展，其自身存在的问题也日渐暴露出来。其中最主要的问题是国家对其税务的征收问题。跨境电商的发展模式不同于一般企业的发展模式，一般企业的发展模式都具有明确的财务支出与收入，以便于国家对其税务的征收，而跨境电商在这方面明显欠缺，这导致了国家无法对其进行准确的税务征收。针对这个问题，国家必须做出相应的应对措施，不能因为跨境电商的性质而不对其征收税务。同时，跨境电商也可能存在对税务的错误认知，它们可能认为国家对于税务的征收，会减少它们的收益，这个想法是不正确的。因为国家在对其征收税务的同时，也对其发展采取了相应的保护措施。因此，跨境电商要改正自己的错误思想，积极向国家纳税。综上所述，跨境电商税务的征收问题主要源于两个方面：一方面是电商的本质内涵，另一方面是电商对于税务征收的错误想法。

三、跨境电商财务管理提升方案初探

（一）规范会计核算工作

如何在跨境电商行业中落实会计核算是值得我们思考的问题。在该行业发展前并没有出现准确的答案，但是在现在的发展过程中已经存在具体的落实措施。一是跨境电商要严格遵守国家的会计制度。但由于我国的会计管理制度是随着社会发展而改变的，这就需要跨境电商具有更新的意识，要随时随地跟上国家的发展步伐。并且跨境电商要积极地贯彻与落实国家的相关会计准则，从而加快内部建设的发展速度。二是跨境电商要学习成功企业的内部财务管理制度。既要学习它们对于财务报表的编制经验，也要学习它们财务记录的方法。因为财务数据的真实来源是实实在在的记录，如果跨境电商没有财务数据的记录，就无法判别其财务数据的准确性。三是提高跨境电商财务人员的综合素质，培养有扎实的财务管理知识及实践经验，既懂信息网络技术，又了解国际会计准则与各国税务，熟悉相关法律法规的复合型人才。跨境电商行业的发展间接地对其内部的工作人员提出了更高要求。因为对于跨境电商来说，它并没有许多成功的案例供人们探讨与研究，其所有的经营规律都需要重新摸索。所以为了减少错误的发生频率，一方面需要相关工作人员提高自身内在的知识技能；另一方面企业也应加大对财务人员继续教育的投入，如加强财务管理人员在电子商务运营模式、现代科学信息技术、国际财务、税务、法规等方面的培训学习，拓展财务人员的视野与专业范围，加强对财务人员及财务管理工作的重视。财务管理工作是跨境电商企业做大做强、实现战略发展目标的重要支持。

（二）选择合适的跨境电商 ERP 软件

对于跨境电商来说，它的发展需要具有自身特色的财务软件，并且该软件的核心处理系统必须是最先进的，因为该软件建立的主体是新兴产业，即跨境电商。同时，对于该软件的建立要综合不同学者与企业家的意见和建议，从而将他们的看法相结合，并根据跨境电商的实际运营情况进行设计。该财务软件区别传统财务软件的主要原因在于它对于，信息的收集与处理是最及时、最准确的。该软件的建立与实施是跨境电商发展的里程碑。建立该软件的意义主要体现在哪里？首先，体现在跨境电商的发展地位上。该财务软件的建立，有利于提高跨境电商的国际地位。其次，体现在技术手段的创新上。该软件的建立，预示着跨境电商的科技含量是高于其他企业的。最后，体现在数据的收集上。该软件的建立，确保了跨境电商财务数据的科学性。综上所述，适合跨境电商发展的财务软件的建立是国家进步的体现，也是社会发展的必然要求。所以无论从哪个角度出发，无论出于何种目的，符合跨境电商个性的财务软件的建立都是目前最需要完成的大事。

（三）跨境电商税务问题的解决途径

跨境电商的发展给我国带来了极大意义。该意义主要体现在两个方面：一方面是提高了我国的国际影响力，另一方面是向世界展示了我国如今企业发展的状况。因此针对该意义，国家对于跨境电商的税收问题应当在合理范围内放宽政策。例如，对中大型的跨境电商企业增加税收优惠政策。同时，国家也建立了相应的法律法规应对跨境电商企业税务的优惠问题。综上所述，对于跨境电商合理的税收政策可以间接地提高我国的国际发展地位，也可以将我国的财务管理文化提供给其他国家欣赏和借鉴。

根据跨境电商表面的含义我们可以知道，这个行业相对之前的行业来说是新产生的。因此，很多关于该行业发展的政策与体系都没有经过社会实践的检验，这就需要跨境电商在实际经营活动中根据自身的情况，去适应国家制定的相关政策，从而提高自身的工作效率。

从以上论述中，我们可以看出跨境电商具有无法阻挡的发展趋势。跨境电商的发展已经成为世界各国更加紧密地联系在一起的必然要求，所以各国跨境电商行业的发展也就展示了该国在国际中的地位与影响力。我国该如何更加准确地促进跨境电商行业的发展？首先，在环境上，国家要为跨境电商行业的发展提供良好的经济环境与社会环境。其次，在人才培养上，国家要将跨境电商行业的基础知识融入各大高校的学习体系中。最后，在财务管理体系建设上，跨境电商行业要善于利用会计核算和预算的功能，从而提升自身的财务管理能力。综上所述，我国跨境电商行业的发展与其他行业的发展是相互作用的，而不是单独的竞争关系。因此，我国跨境电商行业地位的提升，也会带动其他行业的国际地位的提升。

第四节　高校基建财务管理

在人们生活水平不断提高的同时，社会对教育行业的要求也在不断提高，需要学校为社会提供大量的人才，需要科研人员研发出更多科研技术。基于对人才与科技急需的大背景，基建财务管理工作逐渐步入高等学校的财务管理任务，但由于刚开始实施，各类制度还不是很完善，可能会出现许多问题，进而阻碍学校在建设过程中的发展，要想办法予以解决。

一、高校基建财务管理存在的问题

（一）重核算，轻监督

高等院校的具体工作中存在着许多错误的管理问题。比如，好多学校根本没有设立独立的财政管理部门，都是将这部分工作随意交给一个高层人员来代为办理，这就会使账务记录不标准、条例混乱，再加上也没有与之相对应的审计部门来监督，导致学校中可以接触到财物的人员形成贪污、私用等不良风气。因为没有专业的人员来理财，也没有专门的监管人员来监督管理，所以贪污的人员什么都不惧怕，肆意妄为，贪污方式主要是将上面拨款修建教学设施的资金虚报，并且在施工时偷工减料，将多出来的钱放进自己的腰包。如果对此一直放任不管，他们就会越来越贪婪，最后对学校和学生都产生非常恶劣的影响。

（二）财务管理制度不健全、执行不到位

由于高等院校是学生从校园步入社会的一个重要过渡时期，国家会对大学校园进行很多的项目投资以及活动建设，这就使高等院校会涉及许多与政府相交接的财务工作，为了将复杂的财务捋顺，学校应该聘请专业的财管人员对学校里复杂繁多的财务任务进行管理。财务是整个院校发展的重要命脉，因此一定要严格对待这一项任务，也要设置相对应的稽查与审计部门，避免财务人员贪污受贿或者私自挪用国家分配的

资金，对于每一个部门负责哪一部分工作，一定要事先说明，等到出现问题时就找相对应的部门来负责。明确各部门负责的工作可以使各部门的人员在进行工作时，恪守本分、尽职尽责，不会出现部门交叉时互相推卸责任、找不到负责人的混乱现象。学校在制定好各种规章制度之后，一定要实际落实，不能光在纸上提出而不真正地去实施，只有真正地将制定的这些措施落实下去，才可以发现哪里有问题，然后针对相对应的问题，提出解决方案，这样有利于学校长远的发展。

（三）财务管理软件支持效率低

我国当前的科研技术非常先进，教学设施更新换代快，教学系统不断优化，就连财务管理都可以实现无人化，学校只需要安装相应的软件，然后将学校各个项目的支出和收入输入进去，就可以计算出具体的账目。但这种智能的记账方式存在太多弊端，它只能完成简单的计算功能，没有办法对具体的细目加以分析和解决，而且若将学校的全部财务信息都上传到网络上，会对学校产生较大的风险。如果想要进行更精准的计算，就需要继续支付高额的软件费用，但即使这样，问题也未必得到解决，所以还是应该雇用专业的财政人员来管理账目，这才是最安全保险的方式。

二、完善高校基建财务管理的对策

（一）财务人员要积极参与基建全过程，发挥监管作用

财政管理在整个学校的管理工作中是最重要的一个环节，经济是所有工作的基础，只有将基石打好，才可以在上面建起高楼大厦。在学校进行项目研究的过程中，需要主要的人员都参加到会议中来，当然不能少了财政管理人员，因为在项目拨款和招生引资的过程中都需要记录进出账目，除了财务人员还需要有监督人员在场，两者之间是一种对立统一的关系，监管部门监督财务人员恪守本分，做好学校的资金进出，二者相互形成一个完整的财政体系。

（二）完善并严格执行高校基建财务管理制度

高校完善的基建财务管理制度是保证基建财务管理工作的标准。所以财务人员要严格按照相关制度要求，并将其作为制度制定的依据，在掌握财管技能之后，将知识与高校的真实状况相结合，做出精准的估计和预算，然后让监督人员进行核实，保证预算中不会出现重大错误，再提交给校领导审阅，最后落实到具体的项目上。在具体工作开展以后，相关负责人要恪守本分，不可出现偷工减料、贪污受贿等行为，一旦发现必须按制度执行惩罚措施。有罚就有赏，如果员工在工作中能力突出且积极上进，就要按照制度上的奖赏措施对其进行奖励，激励人员继续努力，从而给其他人树立一

个榜样。

（三）升级改造基建财务管理软件，完善高校信息化建设

学校在财务方面的工作很多，员工没有办法面面俱到，也不可能聘请太多的财管人员，因此适当地使用理财监管软件也是可以的。但是要将购买软件的资金做一个预算，不能超出太多。理财监管软件可以代替财管人员进行一些简单的记账工作，只需要有人在旁边进行监管就可以了，这大大缩小了学校在财管这方面的支出，减轻了相关人员的工作任务，同时也对学校的财务进行了审计与监督。总的来说，合理使用理财监管软件和相关人员相结合的方式，可以很好地提高工作质量，对学校的全面发展起着积极作用。

总的来说，高校如果想要得到长远较好的发展，就一定要将基础建设财务管理的工作做好。只有将学校的财务体系捋顺，才可以在做任何事情的时候都有一定的数据理论做支撑，也只有让各个部门都独立分开，出现问题时才能及时找到相关的部门及人员来把问题解决，只要将具体任务分配在每个人的头上，大家就会保持认真谨慎的工作态度。

第五节　民营企业的财务管理

民营企业不是国家的企业，是社会上从事经商的人自己开立的公司，在公司起步之前，需要准备好充足的资金和人员储备，有的公司需要在社会上募集资金，因此，民营企业的财务管理是非常重要的。近几年，我国的中小微企业发展迅速，国家也鼓励人们自主创业，并因此出台了对这类公司的鼓励政策。民营经济为我国的整体经济做出了巨大贡献，给城市中的人们提供了许多就业岗位和住所，使人们的生活水平得到提高。伴随着公司不断壮大，越来越多的问题扑面而来，许多公司因为财管工作不到位而破产和倒闭。

一、民营企业加强财务管理的重要性

民营企业的制度本身就不完善，所以更应该注重财政这方面的管理工作。一个公司是否可以在这个竞争激烈的市场中生存下来，主要看的就是其是否可以为社会创造财富，是否能不断地适应这个瞬息万变的市场，因此财政管理工作是非常重要的，做好财务监管的工作，会使公司的整体效率和质量得到提高。财政管理在公司中可以创造很多价值：比如，可以令流动资金更好地运转，将资金的价值发挥到最大、最优

的状态,为公司带来财富;专业财管人员具有设计公司账目体系的能力,不仅可以将公司资金的进、出都记录好,还可以合理规划一笔资金从开始到结束应该如何分配、使用;最重要的是财管人员可以精准地计算出一个公司一年的大概支出,这可以为公司提供很好的参考价值。

二、民营企业财务管理中存在的问题

(一)企业管理存在缺陷

这种企业是非国家性质的,没有经过专业机构的组织,一般是熟悉的人合伙开的公司,没有聘请专业的管理人员。因此,公司内部疏于管理,只追求收益最大化,从而忽视了很多实质性的问题。比如,没有企业文化来熏陶员工,公司内部的结构不合理,部门和部门之间没有明确的界限,缺少财管和审计部门,使得公司账目混乱,员工之间利益纠葛严重。长此以往,会使公司出现大贪小贪的不良风气,最后导致公司因流动资金都被掏空,没办法继续运转。

(二)财务制度不健全

一般的民营企业,都是由认识且熟悉的伙伴合伙开设的,或者是家族企业演变而来的,独立部门分开管理的观念还没有形成,经常出现一人在公司内部扮演多个角色的现象,即领导者也是管理者,执行者也扮演着监督者,并没有做明显的区分,这就会导致权力的交叉,使下设部门的工作变得混乱无序。许多公司的最高决策人并不掌握专业的知识与技能,只是因为投入的资金较多,所以占有最多的股份,可以行使最多的表决权,这种方式非常不利于企业的发展。长此以往,会导致公司内部秩序混乱,资金使用不明,逐渐使公司内部变得腐烂不堪,这时管理者再想介入管理是非常困难的,企业最终会破产与消亡。

(三)缺乏科学性投资

很多企业家只是一时心血来潮创建了公司,并没有提前制定完善的体制,这样就会使整个公司处于一个零散的状态。投资人手里掌握了较多的资金,却没有投资方向和专业知识,只是跟着大部分人盲干,什么热门就做什么,认为大家都做的行业就是赚钱行业,并没有考虑自己是否适合,是否掌握这方面的技能,只是单纯地去开公司,从而导致公司正式启动之后,内部、外部的工作都没做好,造成还没开始就结束的境况。还有一些公司由合伙人一同经营,由于想做的产品小众化且未进行市场调查,公司开始不久便出现亏损,最后走向倒闭。

（四）运营资金控制薄弱

一直以来，我们都知道风险与收益是成正比的，公司如果想获得更多的收益，就需要有承担一定风险的能力。民企的盈余资金一般都不敢去投资基金类产品和股票类产品，因为对于这种先进的投资理念，大部分的经营者并没有掌握，他们会选择利息相对较少但风险不大的投资方式来运转自己的资金，但是这样的话，公司的流动资金没办法流动起来，就会使资金的利用率不高，创造的收益较少。

（五）利润分配不合理

民企一般呈现出发展快、消亡快的特征，这主要是因为民营企业在开始之前没有做好足够的准备工作。由于没有经过专业人员的指导和相关知识技能的培训，公司领导者对自己要做的产业一知半解，如果连公司里的最高领导人都不深入了解自己的产业，那么公司是不会走长远的。再者就是，公司没有聘请专业人员担任专业职位的意识，使得部门之间相互交叉，利益分配不均，员工之间拉帮结伙，相互祖护，进而使员工工作起来没有动力，不想着怎样提高工作质量，只想着怎样讨好上级、与某些员工搞好关系，最终导致整个公司的内部腐败不堪，阻碍企业的进步。

三、解决民营企业财务管理问题的对策

（一）更新管理理念，提高素质

民企缺少先进的技术和人才，这需要公司的高管人员先形成专业的监管意识，然后通过会议和讲座的形式传达给下设的各个部门及每个员工。一个团体要想得到长远的发展，就必须先更新管理层的思维，让管理层的综合素质提高上来，这样才能逐渐提高公司整体的素质。因为普通员工的工作内容一般是上级布置的任务，行事风格与部门主管也是一致的，所以提高管理层的素质是最重要的。

（二）扩大民营企业的融资规模

目前，我国的民企大多都从一些小型的借贷公司借款，因为它们的门槛低、要求少。民企一般都是规模较小的公司，资产较少，承担风险的能力较弱，因此没办法从公立银行借到资金，为了鼓励民营企业的发展，国家需要发挥自己的职能，对小型公司的借贷降低门槛，让它们也可以花费较少利息借到自己需要的资金，从而不断壮大自己的公司，为我国整体经济的发展创造价值。

（三）加强财务控制体系，建立财务管理制度

每个公司都要制定自己的规章制度，古话说得好："没有规矩，不成方圆。"无论是怎样的社会团体，都要制定规矩来约束人的行为。公司制定规章制度不仅是为了公

司的整体利益，也是为了让每个员工的基本权益得到保障。因此，要将公司涉及的部分内容在纸上明确地写出来，在真正实施的过程中，按照制度上标明的规定约束员工。每个人都要遵守公司制度，对于违反规定或者出现重大错误的员工，不可以包庇，要按照规定追究其责任。

（四）增强管账人员的建设，提高管账人员的素养

公司要想提高全体员工的素质，就需要先从高层管理者抓起，先转变他们的管理观念，然后再对各部门的专业负责人进行培训，让他们的专业技能以及综合素养得到提高，使他们在布置具体任务时可以对下设的基础人员进行指导与帮助。例如，财务部门在招聘人员的时候，应该进行严格的筛选，让具备从业资格的人员出示他们的从业证书以及获得的奖项或者工作经验的证明，保证这些证件的真实性，然后对招聘人员进行面试，确保人员可以担任此项工作后再录用，这样就可以提升公司财务部门的专业管理能力。

（五）加快企业会计电算化建设，提高会计的工作效率和质量

会计电算化的发展，提高了工作效率，同时也减轻了会计人员的工作量。它可以使会计工作标准化，从而提高会计工作的质量。企业应结合自身的特点，选择合适的财务软件，同时应制定出电算化控制制度，保证计算机系统能够正常稳定运行。不同职位的工作人员必须有合理的分工并彼此约束。

在快速发展的现代市场中，大大小小的公司层出不穷，但大多呈现出发展较快、消亡较快的现象。企业如果要想避免朝着这个方向发展，就必须重视企业财务管理这一部分，及时找出公司现存的问题，并想出补救方案。

第六章　内部会计控制概论

第一节　内部控制概述

一、内部控制的概念

内部控制是指一个单位为了实现其经营目标，保证资产的安全完整，保证会计信息资料的正确可靠，确保经营方针的贯彻执行，保证经营活动的经济性、效率性和效果性，而在单位内部采取的自我调整、约束、规划、评价和控制的一系列方法、手续与措施的总称。"内部控制"是外来语，其理论的发展经过了一个漫长时期。最早，内部控制制度的思想认为，内部控制应分为内部会计控制和内部管理控制（或称"内部业务控制"）两个部分，前者在于保证企业资产、检查会计数据的准确性和可靠性，后者在于提高经营效率、促使有关人员遵守既定的管理方针。西方学术界在对内部会计控制和管理控制进行研究时，逐步发现这两者是不可分割、相互联系的，因此在 20世纪 80 年代提出了内部控制结构的概念，认为企业的内部控制结构包括"合理保证企业特定目标的实现而建立的各种政策和程序"，并且明确了内部控制结构的内容为控制环境、会计制度和控制程序三个方面。直到在 20 世纪 90 年代美国提出内部控制整体框架的思想后，西方学者对内部控制的认识才逐步统一起来。

1992 年，美国一个专门研究内部控制问题的委员会，即 COSO 委员会发布了《内部控制——整体框架》报告。该报告指出，内部控制是由企业董事会、管理人员和其他职员实施的一个过程，其目的是提高经营活动的效果和效率，确保财务报告的可靠性，促使财务报告与可适用的法律相符合。尽管这一定义包含的内容很宽泛，但也存在一定的片面性，如报告缺乏保障资产的概念，对风险强调得不够等。为此，COSO委员会在 2004 年 10 月颁布的《企业风险管理——总体框架》（以下简称 ERM）中对内部控制的定义做了更加细化的阐述，指出内部控制的定义包括以下内容：①是一个过程；②被人影响；③应用于战略制定；④贯穿整个企业的所有层级和单位；⑤旨在识别影响组织的实践，并在组织的风险偏好范围内管理风险；⑥合理保证；⑦为了实现各类目标。对比 1992 年报告的定义，ERM 的概念要细化得多，不仅明确了对保护资产这一概念的运用，将纠正错误的管理行为明确地列为控制活动之一，还提出了风险偏好、风险容忍度等概念，使得内部控制的定义更加明确、具体。本节所述的内部控制概念，即遵循了 ERM 中对内部控制的界定。

二、内部控制的目标及作用

（一）内部控制的目标

内部控制的目标是指内部控制对象应达到的目标或欲达到的效果。从内部控制产生、发展的过程来看，早期内部控制的目标是比较狭隘的，多局限于资金和财产的保护，防止欺诈和舞弊行为。而随着全球经济一体化的发展，企业兼并的浪潮一浪高过一浪，公司规模不断扩大，股权进一步分散，所有权和经营权更加分离，使得在现代企业制度下的内部控制已不是传统的查弊和纠错，而是涉及企业的各个方面，内部控制的目标呈现出多元化的趋势，不仅包括保证财产的安全完整，检查会计资料的准确、可靠，还将促进企业贯彻的经营方针以及提高经营效率纳入其中，这也是公司治理对内部控制提出的要求。在 1992 年《内部控制——整体框架》中，内部控制有三个目标：经营的效果和效率、财务报告的可靠性和法律法规的遵循性。在 2004 年 10 月颁布的 ERM 中，除了认为经营目标和合法性目标与《内部控制——整体框架》相似以外，还将"财务报告的可靠性"发展为"报告的可靠性"。ERM 将报告拓展到"内部的和外部的""财务和非财务的"报告，该目标涵盖了企业的所有报告。除此之外，新的 COSO 报告提出了一类新的目标——战略目标。该目标比其他三个目标更高，企业的风险管理应用于实现企业其他三个目标的过程中，也应用于企业的战略制定阶段。

（二）内部控制的作用

现代内部控制作为一种先进的单位内部管理制度，已在现代经济生活中发挥着越来越重要的作用。企业内部控制制度的完善、严密与否，执行情况的好坏，直接关系到企业的兴衰成败、生死存亡。内部控制是企业提高经营效益、稳健发展的有效手段。企业规模越大，业务越复杂，其重要性就越显著。建立健全的内部控制，并恰当运用它，有利于减少疏忽、错误与违纪违法行为，有利于激励进取，促进企业有效发展。

随着社会主义市场经济体制的建立，内部控制的作用会不断扩展。目前，它在经济管理和监督中主要有以下作用。

1. 提高会计信息资料的正确性和可靠性

企业决策层要想在瞬息万变的市场竞争中有效地管理、经营企业，就必须及时掌握各种信息，以确保决策的正确性，并通过控制手段尽量提高所获信息的准确性和真实性。因此，建立内部控制系统可以提高会计信息资料的正确性和可靠性。

2. 保证生产和经营活动顺利进行

内部控制系统通过确定职责分工，严格落实各种手续、制度、工艺流程、审批程序、检查监督手段等，可以有效地控制本单位生产和经营活动的顺利进行，防止出现偏差，纠正失误和弊端，保证实现单位的经营目标。

3. 保护企业财产的安全完整

财产物资是企业从事生产经营活动的物质基础。内部控制可以通过适当的方法对货币资金的收入、支出、结余以及各项财产物资的采购、验收、保管、领用、销售等活动进行控制，防止贪污、盗窃、滥用、毁坏等不法行为，保证财产物资的安全完整。

4. 保证企业既定方针的贯彻执行

企业决策层不但要制定管理经营方针、政策、制度，而且要狠抓贯彻执行。内部控制则可以通过制定办法、审核批准、监督检查等手段促使全体职工贯彻和执行既定的方针、政策与制度，同时，可以促使企业领导和有关人员执行国家的方针、政策，在遵守国家法规纪律的前提下认真贯彻企业的既定方针。

5. 为审计工作提供良好基础

审计监督必须以真实可靠的会计信息为依据，检查错误，揭露弊端，评价经济责任和经济效益，而只有具备了完备的内部控制制度，才能保证信息的准确、资料的真实，并为审计工作提供良好的基础。总之，良好的内部控制系统可以有效地防止各项资源的浪费和错弊，提高生产、经营和管理效率，降低企业成本费用，提高企业经济效益。

归纳起来，内部控制主要有以下三种作用。

（1）统驭作用。

内部控制涉及企业中所有机构和所有活动及具体环节，由点到线、由线到面、逐级结合、统驭整体。一个企业虽有不同的部分，但要想达到经营目标，必须令它们全面配合，发挥整体的作用。内部控制正是通过利用会计、统计、业务、审计等各部门的制度规划以及有关报告等基本工具，来达到综合与控制的双重目的，因此，内部控制具有统驭作用。

（2）制约与激励作用。

内部控制是对各种业务的执行是否符合企业利益及既定的规范标准予以监督评价。适当的控制能使企业各项经营按部就班，以获得预期的效果。因此，内部控制具有制约作用；严密的监督与考核，能真实反映工作业绩，稳定员工的工作情绪，激发员工的工作热情及潜能，提高工作效率，因此，内部控制具有激励作用。

（3）促进作用。

无论是管理还是控制，执行者必须依据企业的既定计划、政策目标和一定的规律对全部活动加以注意，发挥所长、力避所短，了解组织职能与各部门的相互关系，公正地检查和合理地评估各项业务。也就是说，执行者在运用内部控制手段时要重视制度设计、控制原则，了解业务部门的实际工作动态，从而及时发挥控制的影响力，促进管理目标的达成，因此，内部控制具有促进作用。

第二节　内部会计控制基础知识

一、内部会计控制的概念和目标

（一）内部会计控制的概念和分类

1. 内部会计控制的概念

内部控制作为一项重要的管理职能和市场经济的基础工作，是随着经济和企业的发展而不断发展的动态系统。内部控制包括内部会计控制和内部管理控制两个子系统。而内部会计控制是一项十分重要的管理手段。它通过一系列制度的制定、工作组织的规划、程序的编排以及采取恰当的措施，来保证会计主体的财产不受损失和有效使用，保证会计数据的完整可靠，保证国家财经政策和内部管理制度的贯彻执行。作为内部控制的核心，会计控制尤为重要。

会计控制由"会计"与"控制"两个词复合而成。会计是经济管理的重要组成部分，它是通过收集、处理和利用经济信息，对经济活动进行组织、控制、调节和指导，促使人们权衡利弊、比较得失、讲求经济效果的一种管理活动。经济的发展和经济活动的复杂，要求会计不断地强化其对客观经济活动的调节、指导、约束和促进，也就是前面所说的会计控制职能。控制是现代会计的一项基本职能，这已成为人们的共识，也是人们对会计的认识由现象到本质逐渐深入的必然结果。会计控制是会计管理活动论的必然结果，也是会计管理活动论的重要内容。

根据上述控制的含义，将"会计"与"控制"两者结合起来，可将会计控制解释为：会计管理部门为使会计主体的资金运动达到既定目标而对约束条件采取的一系列有组织的活动。它包括预测、决策、制定利润和成本目标、进行费用和资金预算及分解、组织实施、考核等环节。

2. 内部会计控制的分类

根据控制主体的不同，会计控制可划分为外部会计控制和内部会计控制。外部会计控制是指企业外部单位如国家、有关部门、中介组织等在被授权或者受托的情况下，对单位的会计工作和会计资料及其体现的经济活动进行审查监督的系统；而内部会计控制是指单位为提高会计信息质量，保护资产安全、完整，确保有关法律、法规和规章制度的贯彻执行而制定实施的一系列控制方法、措施与程序。内部会计控制不仅包括狭义的会计控制，还包括资产控制和为保护财产安全而实施的内部牵制。内部会计控制一般可以分为三种控制，即基础控制、纪律控制和实物控制。

（1）基础控制。

基础控制是指通过基本的会计活动和会计程序来保证完整、准确地记录一切合法的经济业务，及时发现处理过程和记录中出现的错误。基础控制是确保会计控制目标实现的首要条件，是其他会计控制的基础，主要包括凭证控制、账簿控制、报表控制、核对控制四个方面的内容。

（2）纪律控制。

纪律控制是指为保证基础控制能充分发挥作用而进行的控制，它主要包括内部牵制和内部稽核。内部牵制是一种以事务分管为核心的自检系统，通过职责分工和业务程序的适当安排，使各项业务内容能自动被其他作业人员核对查证，从而达到相互制约、相互监督的作用。它主要通过两种方式实现：从纵向来看，每项经济业务的处理都要经过上下级有关人员之手，从而使下级受上级监督，上级受下级制约；从横向来看，每项经济业务的处理至少要经过彼此不相隶属的两个部门的处理，从而使每个部门的工作或记录受另一个部门的牵制。内部牵制的核心是不相容职务的分离，所谓不相容职务，是指集中于一个人办理时，发生错误或舞弊的可能性就会增加的两项或几项职务。从广义上讲，内部稽核包括由单位专设的内部审计机构进行的内部审计和由会计主管及会计人员进行的内部审核。内部审计是企业内部一种独立的审核工作，将检查会计、财务及其他业务作为对管理当局提供服务的基础。它是一种管理控制工作，其功能在于衡量与评定其他控制工作的效率。与内部审计不同，内部审核则是由会计主管及会计人员事前或事后，定期或不定期地检查有关会计记录，并进行相互核对，确保会计记录正确无误的一种内控制度。此外，内部审计与内部审核的不同之处还在于，前者依据审计的有关法规进行，是内控制度的重要组成部分，是全面审查内控制度的专门组织；而后者主要依据会计法规进行，是会计控制制度的重要内容。除了内部牵制和内部稽核外，纪律控制的内容还包括来自企业领导、其他横向职能部门及广大职工的内部监督。

（3）实物控制。

实物控制是指为了保护企业实物资产的安全完整进行的控制。一般包括以下五个方面的内容。①建立严格的入库、出库手续。②建立安全、科学的保管制度。其中，安全保管要求在选择库址、仓库设施、安全保卫方面都要有相应的制度；科学保管要求将财产物资分门别类地存放在指定仓库，并且在必要时应进行科学的编号，以便于发料、盘点。③财产物资要实行永续盘存制，随时在账上反映出结存数额。④建立完善的财产清查制度，妥善处理清查中发现的问题。⑤建立健全档案保管制度等。

基础控制、纪律控制、实物控制是相互联系、不可分割的，对任何一方面的疏忽都会影响其他控制作用的有效发挥。总体来说，基础控制侧重于保证会计信息的质量，实物控制侧重于保护财产物资的安全完整，而纪律控制则是前两者得以最终实现的保障。

（二）内部会计控制的目标

目标是指人们在从事某项活动时预期要达到的境地或结果。任何管理行为都是有目的的行为，内部会计控制作为一项管理活动也不例外。内部会计控制的目标是指内部控制对象应达到的目的或欲达到的效果。我国财政部颁布的《内部会计控制规范——基本规范》中明确指出，内部会计控制应当达到以下目标。

（1）规范单位会计的行为，保证会计资料真实、完整。

（2）堵塞漏洞，消除隐患，防止并及时发现、纠正错误及舞弊行为，保护单位资产的安全、完整。

（3）确保国家有关法律法规和单位内部规章制度的贯彻执行。

这些目标从内部控制的角度体现了不同利害关系人的利益要求，但随着公司制度的确立及发展，研究内部会计控制的目标仅仅从这三个方面来考虑是不完善的。在现代企业制度中，股东（所有者）与管理当局（经营者）之间存在着利益不一致、信息不对称、契约不完备的"三不"问题，会计作为一个信息系统，在现代公司治理机构中扮演着信息提供者的重要角色，必然成为所有者干预和控制经营者的手段之一。但由于存在着"内部人控制"，会计信息的生成在很大程度上由管理当局把持，它们可能出于自身利益的考虑编制虚假信息来欺骗所有者。

因此，在现代公司的治理结构下，内部会计控制的职责就是要协调所有者和经营者之间的利益与矛盾，找到两者的平衡点，其根本目标应该是加强企业内部的经营管理，提高企业经营效率，实现企业价值最大化。企业经济效益的提高和价值最大化的实现既是所有者控制经营者的目的之一，也是经营者切实履行受托经济责任的目标。在现代公司的治理结构下，只有按照这一根本目标构建的内部会计控制才能真正发挥作用。

二、内部会计控制的原则、内容和方法

（一）内部会计控制的原则

内部会计控制的原则是指企业建立、设计及实施会计控制系统时应当遵循并依据的客观规律和基本法则。内部会计控制原则的制定必须以会计控制的目标为依据，并要有助于目标的实现；同时，原则的制定要有助于切实指导会计控制的方法，要成为会计控制系统顺利运行、控制工作顺利开展的保障。从会计控制在现代公司治理结构和企业内部管理中的地位来分析，会计控制应当遵循以下七条原则。

1. 合法性原则

内部会计控制的设计与实施应当符合国家有关法律、法规的规定和单位内部的实际情况。

2. 广泛约束性原则

广泛约束性原则是指内部会计控制制度对单位内部的每一位成员都有效，必须无条件地被遵守，任何人都无权游离于它之外、凌驾于它之上。单位内部会计控制制度作为单位内部的规章制度，一旦制定实施，上至单位负责人，下至普通职工，都必须遵守。单位管理层尤其是单位负责人必须带好头，以身作则，大力宣传，形成一个良好的氛围，以实际行动充分调动各个部门和每位员工的主动性与积极性，真正做到人人、事事、时时都能遵循内部会计控制制度。否则，内部会计控制制度即使制定得再合法、再完美，也只是一纸空文，发挥不了内部会计控制的作用。

3. 全面性原则

会计控制是对企业内部一切与会计相关活动的全面考核控制，并非对会计工作质量的局部性控制，因此不能"就会计论会计"，否则就会影响会计管理职能的发挥。所以，在设计会计控制系统时应以会计为中心，覆盖生产经营、管理等各环节，实施全面控制。

4. 重要性原则

企业的高层管理者，应当将注意力集中于那些在业务处理过程中发挥作用较大、影响范围较广、对保证整个业务活动的控制目标至关重要的关键控制点。抓住了关键点，就等于抓住了全局，因此，重要性原则就是要选择关键控制点，实施重点控制。

5. 内部牵制原则

内部牵制原则是指在部门与部门、员工与员工及各岗位间建立的互相验证、互相制约的关系，其主要特征是将有关责任进行分配，使单独的一个人或一个部门对任何一项或多项经济业务活动都无完全的处理权，必须经过其他部门或人员的查证核对。

从纵向来说，至少要经过上下两级，使下级受上级的监督，上级受下级的牵制，各有顾忌，都不敢随意妄为；从横向来说，至少要经过两个互不相隶属的部门或岗位，使一个部门的工作或记录受另一个部门工作或记录的牵制，从而相互制约。

会计控制体系的设计应当保证凡涉及企业内部会计机构、岗位设置及职权划分的事项，均坚持不相容职务相分离的原则，以确保不同机构和岗位之间权责分明、相互制约、相互监督。

6. 成本效益原则

成本效益原则是从事任何经济活动都要遵循的一项基本原则。单位建立和实施会计控制花费的代价不应超过因此而获得的收益，即力争以最小的控制成本获得最大的经济效益。管理当局在设计会计控制时，要有选择地控制，并要努力降低因控制而引起的各种耗费。

7. 动态的信息反馈原则

任何企业的会计控制都是针对企业所处的特定的内外部环境和正常的经营活动而设计的，其作用很可能因环境的变化和业务性质的改变而削弱或失效。因此，必须对现行会计控制中的薄弱环节或存在的缺陷及不再适用的规章制度、措施、方法等进行修正、完善，以确保其有效性。

（二）内部会计控制的内容

按照《内部会计控制规范——基本规范（试行）》的规定，内部会计控制的内容主要包括货币资金控制、采购与付款控制、销售与收款控制、工程项目控制、对外投资控制、成本费用控制、担保控制等。

1. 货币资金控制

货币资金是单位资产的重要组成部分，是流动性最强的一种资产。因此，货币资金的管理自然是内部控制的重点内容之一。对货币资金的控制，最主要目标是保证货币资金的安全、完整。企业应建立良好的货币资金内部控制制度，以保证因销售而应收入的货币资金能及时足额回收，并得到正确的记录和反映；保证所有货币资金的支出均能按照经批准的用途进行，并及时正确地予以记录；保证库存现金和银行存款等记录报告准确，并得到恰当保管；保证正确预测单位正常经营所需的现金收支额，确保有充足又不过剩的现金余额。

2. 采购与付款控制

单位应当合理设置采购与付款业务的机构和岗位，建立和完善采购与付款的会计控制程序，加强请购、审批、合同订立、采购、验收、付款等环节的会计控制，堵塞采购环节的漏洞，减少采购风险。

3. 销售与收款控制

单位应当在制定商品或劳务等的定价原则、信用标准和条件、收款方式等销售政策时，充分发挥会计机构和人员的作用，加强合同订立、商品发出和账款回收的会计控制，避免或减少坏账损失。

4. 工程项目控制

单位应当建立规范的工程项目决策程序，明确相关机构和人员的职责权限；建立工程项目投资决策的责任制度，加强工程项目的预算、招投标、质量管理等环节的会计控制，防范决策失误及工程发包、承包、施工、验收等过程中的舞弊行为。

5. 对外投资控制

单位应当建立规范的对外投资决策机制和程序，通过实行重大投资决策集体审议联签等责任制度，加强投资项目立项、评估、决策、实施、投资处置等环节的会计控制，严格控制投资风险。

6. 成本费用控制

单位应当建立成本费用控制系统，做好成本费用管理的各项基础工作，制定成本费用标准，分解成本费用指标，控制成本费用差异，考核成本费用指标的完成情况，落实奖罚措施，降低成本费用，提高经济效益。

7. 担保控制

单位应当加强对担保业务的会计控制，严格控制担保行为，建立担保决策程序和责任制度，明确担保原则、担保标准和条件、担保责任等相关内容，加强对担保合同订立的管理，及时了解和掌握被担保人的经营与财务状况，防范潜在风险，避免或减少可能发生的损失。

（三）内部会计控制的方法

内部控制的方法即实施内部控制采取的手段、措施及程序等。内部控制的方法多种多样，针对不同的经济业务和不同的控制内容可以采取不同的内部控制方法，即使同样的经济业务，不同的单位、不同的时期，采用的控制方法也不完全相同。此外，对同一经济业务或控制内容，也可同时采用几种不同的控制方法。

《内部会计控制规范——基本规范》中提到，内部会计控制的方法主要包括不相容职务相互分离控制、授权批准控制、会计系统控制、预算控制、财产保全控制、风险控制、内部报告控制、电子信息技术控制等。

1. 不相容职务相互分离控制

不相容职务相互分离控制要求单位按照不相容职务相互分离的原则，合理设计会计及相关工作岗位，明确职责权限，形成相互制衡的机制。

所谓"不相容职务"，是指那些如果由一个人担任，既可能发生错误或舞弊行为，又可能掩盖其错误或舞弊行为的职务。换言之，对不相容的职务，如果不实行相互分离的措施，就容易发生舞弊等行为。如物资采购业务中，批准进行采购与直接办理采购就属于不相容的职务，如果这两个职务由一个人担任，就会出现该员工既有权决定采购什么、采购多少，又可以决定采购价格、采购时间的现象，由于没有其他岗位或人员的监督、制约，就容易发生舞弊行为。不相容职务分离的核心是"内部牵制"假设。因此，单位在设计、建立内部控制制度时，首先应确定哪些岗位和职务是不相容的，其次要明确规定各个机构和岗位的职责权限，使不相容岗位和职务之间能够相互监督、相互制约，形成有效的制衡机制。不相容职务主要包括授权批准、业务经办、会计记录、财产保管、稽核检查等职务，要求公司、单位按照不相容职务分离的原则，合理设置会计及相关工作岗位，明确职责权限，形成相互制衡机制。

2. 授权批准控制

授权批准是指单位在办理各项经济业务时，必须经过规定程序的授权批准。授权批准控制方法要求单位明确规定涉及会计及相关工作的授权批准的范围、权限、程序、责任等内容，单位内部的各级管理层必须在授权范围内行使职权和承担责任，经办人员也必须在授权范围内办理业务。

授权批准形式通常有一般授权和特别授权之分：一般授权是指授权处理常规性的经济业务，这些规定在管理部门中采用文件形式，或在经济业务中规定一般性交易办理的条件、范围和对该项交易的责任关系；特别授权是指授权处理非常规性交易事件，比如，重大的筹资行为、投资决策、资本支出和股票发行等特别授权也可以用于超过一般授权限制的常规交易。

3. 会计系统控制

会计系统控制要求公司单位依据《中华人民共和国会计法》和国家统一的会计制度，制定适合本单位的会计制度，明确会计凭证、会计账簿和财务会计报告的处理程序，建立和完善会计档案保管与会计工作交接办法，实行会计人员岗位责任制，充分发挥会计的监督职能。

会计系统控制主要是通过对会计主体发生的各项能用货币计量的经济业务进行记录、归集、分类、编报等而进行的控制。其内容主要包括：①建立会计工作的岗位责任制，对会计人员进行科学合理的分工，使之相互监督和制约；②会计业务处理流程；③设计良好的凭证格式，规定合理的传递流程；④账簿格式、登记规则和程序，账簿体系和勾稽关系；⑤报表格式、体系、勾稽关系，编报要求和方法，结账规则和程序；⑥会计科目体系及核算内容的说明；⑦成本计算方法及核算程序。

4. 预算控制

预算控制又称为"全面预算控制"，是内部控制的一种重要方法，它要求公司单位加强对预算编制、执行、分析、考核等环节的管理，明确预算项目，建立预算标准，规范预算的编制、审定、下达和执行程序，及时分析和控制预算差异，采取改进措施，确保预算的执行。对预算内资金实行责任人限额审批，对限额以上资金实行集体审判，严格控制无预算的资金支出。

5.财产保全控制

财产保全控制要求单位限制未经授权的人员对财产的直接接触，采取定期盘点、财产记录、账实核对、财产保险等措施，确保各种财产的安全完整。

财产保全控制主要包括接近控制、定期盘点控制、妥善保管会计记录和保险。

接近控制主要是指严格限制无关人员对资产的接触，只有经过授权批准的人员才能接触资产。接近控制包括限制对资产本身的接触和通过文件批准方式对资产使用或分配的间接接触。一般情况下，对货币资金、有价证券、存货等变现能力强的资产必须限制无关人员的直接接触。

定期盘点控制是指定期对实物资产进行盘点，并将盘点结果与会计记录进行比较，盘点结果与会计记录如不一致，可能说明资产管理上出现错误、浪费、损失或其他不正常现象，应当及时采取相应的措施加强管理。

妥善保管会计记录，首先要限制接近会计记录的人员；其次要妥善保存会计记录，减少被盗、被毁的机会；最后要对重要记录备份。

保险是指通过财产保险减少损失。

6.风险控制

风险控制要求公司单位树立风险意识，针对各个风险控制点，建立有效的风险管理系统，通过风险预警、风险识别、风险评估、风险分析、风险报告等措施，对财务风险和经营风险进行全面防范与控制。

7.内部报告控制

内部报告控制要求公司单位建立和完善内部报告制度，全面反映经济活动情况，及时提供业务活动中的重要信息，增强内部管理的时效性和针对性。

8.电子信息技术控制

电子信息技术控制要求运用电子信息技术手段建立内部会计控制系统，减少和消除人为操纵因素，确保内部会计控制的有效实施；同时，要加强对财务会计电子信息系统开发与维护、数据输入与输出、文件储存与保管、网络安全等方面的控制。

电子信息技术控制的内容包括两个方面：一是实现内部控制手段的电子信息化，尽可能地减少和消除人为操纵的因素，变人工管理、人工控制为计算机、网络管理和控制；二是对电子信息系统的控制，具体来讲就是既要加强对系统开发、维护人员的控制，又要加强对数据、文字输入、输出、保存等有关人员的控制，保障电子信息系统及网络的安全。

三、内部会计控制的设计

（一）企业内部会计控制制度有效性的特征

通常一套有效的内部会计控制制度至少应具备以下五个特征。

1. 标准性

内部会计控制制度应该有一个考核评价的标准，它既能作为衡量各岗位及人员工作业绩的主要依据，也适用于内部会计控制制度有效性的考核和评价。

内部会计控制制度的标准可以分为定量标准和定性标准两大类。

（1）定量标准

定量标准主要有实物标准、价值标准、时间标准。实物标准如产量、销售量等，价值标准如成本费用、销售收入、利润等，时间标准如工时定额、工期等。

（2）定性标准

定性标准一般都难以量化，如组织机构设置是否合理就很难量化。尽管如此，为了使定性标准便于掌握，有时也应尽可能采用一些可度量的方法，建立有效的控制标准。管理者在设计内部会计控制制度时，首先，必须建立和确定内部会计控制制度的目标与标准，对每一项具体的工作都应有明确的时间、内容、要求等方面的规定，包括综合性、概括性的目标和具体的分类目标，如利润计划、时间定额、标准成本等，以确保内部会计控制制度整体效用的发挥。为此，一是尽量建立客观的衡量方法，对绩效应用定量的方法加以记录并评价，也应将定性的内容尽可能具体化；二是管理人员要从企业整体的角度来观察和分析问题，避免个人的偏见和成见，特别是在绩效的衡量阶段。

2. 适用性

由于各个单位的管理目标、性质、特点及具体任务不同，单位的规模、组织结构、人员构成与素质也各不相同，其内部会计控制制度就有很大区别。大中型企业与小型企业的组织结构、经营业务内容存在较大区别，这就决定了其内部会计控制制度的繁简程度也不一样。

因此，管理当局在建立内部会计控制制度时，既要考虑到国家在一定时期的经济发展水平和宏观调控政策，更要根据本单位经营业务的特点与内外环境的实际情况，绝不能生搬硬套、盲目采用，否则，必将影响内部会计控制的有效性。

3. 全局性

企业作为一个有机整体，内部会计控制作为管理过程的一部分，应该与整个管理过程相结合，并对企业的整个管理活动进行监督和控制。因此，管理当局在设计和实施内部会计控制制度时，要从企业的整体利益出发，着眼于全局，注意内部会计控制制度的严密性与协调性，以有效组织、协调各项业务活动，以及使有关各方为单位整体目标的实现而努力，同时保证各责任中心的目标同单位总目标一致，各责任者的利益与单位的整体利益相一致。

4. 及时性

内部会计控制制度的目标之一就是保证相关信息的准确性与可靠性。现实情况复杂多变，单位的计划在执行中有时会出现失常或发生意外事件等特殊情况，因此，控制信息不仅要准确，更要及时，否则，内部会计控制系统可能会失效。一个真正有效的内部会计控制的整体框架不仅应该能反映其实施中的失常情况，还应该能预测或估计未来可能发生的变化，及时发现可能出现的偏差，这一方面要求内部会计控制系统能及时准确地提供控制所需的信息，另一方面要求尽可能采用前馈控制方式或预防性控制措施，一旦发生偏差，就对以后的情况进行预测，使控制措施针对未来，从而更好地避免时滞问题，使纠偏措施的安排具有一定的预见性。

5. 灵活性

所谓灵活性，是指内部会计控制的基本结构要在具有相对稳定性的同时保留相当大的弹性，以便适应未来的修订和补充。这就要求管理当局在制定内部会计控制制度时，一是要考虑到各种可能的情况，拟订各种应对变化的选择方案和留有一定的后备力量，并采用多种灵活的控制方式和方法，以使内部会计控制能在发生某些未能预测到的事件的情况下，如环境突变、计划失败、计划疏忽等，仍然有效；二是要充分发挥各职能部门的积极性和能动性。内部会计控制制度过松会给不法分子以可乘之机，导致内部会计控制制度失效，但控制制度过严，又会使经营管理活动失去生机与活力，影响员工的积极性和主动性。有效的内部会计控制框架应允许各级管理人员针对其管辖的业务领域，制定具体的执行措施或实施办法，并可根据变化的情况，自行修订已不适应的规章制度和控制措施，而后上报备案，以保证内部会计控制制度有效地发挥其应有的功能。

（二）企业内部会计控制制度的设计重点

1. 以防为主，以查处为辅

各企业建立内部控制制度主要是为了防止单位的经营管理无效率和发生不法行为。因此，判断一项内部控制制度设计的好坏时，首先应根据其防止错弊发生的效果来衡量，其次再考虑其对已发生的不法事件的揭露和处理情况。预防控制是一种事前和事中控制，企业在组织控制、人事控制、程序控制、纪律控制中制定和实施的各种政策、规定、预算、程序、手续等都属于预防控制。进行预防控制首先应规定业务活动的规则和程序，并在企业内部设置有关的规章制度，保证业务活动能够有条不紊地进行，同时尽量避免经济运行中的错误、舞弊或浪费现象，例如，任用值得信任的和有能力的人员；为防止故意越轨行为而实行的职责分工；为防止资源的不恰当使用而进行的明确授权；为防止发生不正当业务而建立的文件、记录，以及恰当的记账程序；为防止有人将资产不恰当转换或占为己有而实施的资产实物控制等。在实行预防控制时还要注意，一定要预测到差错发生概率的高低及其可能造成的影响，并根据具体差错的特性采取有效措施，特别要注意多重措施和综合措施的采用。

当然，任何企业的管理者并不能完全保证事先制定的规则、程序、制度等能够得到有效执行。为此，在坚持以预防为主的前提下，还必须采取内部稽核、内部审计等方式，加大对事后不法或无效率行为的查处力度，多方面、多渠道堵塞漏洞，充分发挥制度的控制效能。例如，在企业成本控制中，根据事先制定的成本目标或既定的标准和预算，对企业各责任中心日常的生产经营活动，采用专门的方法进行严格的计量、监督、指导和调节，并根据发生的偏差，及时采取有效措施来指导和调节其行为。事后查处一般多是在错误或问题发生以后再进行检查或采取行动，其造成的损失往往无法弥补，只是对以后的业务有所裨益。管理者在设计内部控制制度时，应注重预防控制的事前和事中的引导匡正作用，尽量降低错弊发生的可能性及其造成的损失。

2. 注重选择关键控制点

内部控制的全局性要求企业必须建立一个能涵盖其经营管理活动全过程的内部控制整体框架。但对主管人员来说，随时注意内部业务活动的每个环节，通常是浪费时间精力且没有必要的。内部控制工作的效率性也决定了管理者应当也只能将注意力集中于业务处理过程中发挥作用较大、影响范围较广、对保证整个业务活动的控制目标至关重要的关键控制点，这同样适用于内部会计控制。

选择关键控制点的能力是管理工作的一门艺术，有效的控制在很大程度上取决于这种能力。目前，在内部控制设计中运用比较普遍且比较有成效、能够帮助主管人员选择关键控制点的方法很多，如计划评审技术（又叫网络计划技术）、价值工程（VE）等，各企业管理者可结合自身实际情况酌情选用。在具体选择关键控制点时，还应考虑以下三个环节。

（1）选择关键的成本费用项目。

成本控制制度是企业内部会计控制制度的一个重要组成部分，其合理性与有效性直接关系到企业的经济效益。传统的成本控制只是强调事后的分析和检查，主要侧重于严格执行成本开支范围和各项规章制度。随着市场竞争的加剧和产品寿命周期的缩短，现代企业尤其是加工制造业的内部成本控制的重点应逐渐转移到产品投产前的事前控制，做好经营预测，通过开展价值工程活动，对产品的成本与功能关系进行分析研究，找出支出最大或节约潜力最大的产品或项目，然后利用因素分析法，找出主次因素，将影响成本费用项目的主要因素作为关键控制点，并采取适当的控制措施，从而达到既能保证产品的必要功能，降低产品的寿命周期成本，又能满足消费者的需求，提高企业的经营管理水平和产品的市场竞争力的目的。

（2）选择关键的业务活动或关键的业务环节。

应着重选择那些对企业竞争力、盈利能力有重大影响的活动，以及最易发生错误与舞弊且可能造成重大损失的环节进行监督和控制。一般情况下，单位的主要业务可分解为以下几个循环：销售与收款循环；采购与付款循环；生产循环；工薪循环；筹资与投资循环；其他重要业务，如货币资金等。

（3）选择主要的要素或资源。

人、财、物、时间、信息技术等是企业赖以生存和发展的重要资源或要素，尤其是随着知识经济时代的来临，人力资源及信息技术对企业发展的重要性更突出。市场竞争归根结底是人才的竞争，企业经营战略发展的各个阶段必须有合格的人才作为支撑点，物流构成企业最基本的业务活动，信息是企业各项经营决策的重要依据，技术则是企业生产经营的重要保障。各项要素共同构成一个有机的系统。选择重要的要素或资源时必须确保能抓住问题的关键，选择的依据就是对企业的竞争力、盈利能力影响重大或具有较大的节约潜力。

需要加以说明的是，不同的经济业务活动有着不同的关键控制点。在某项经济业务活动中属于关键控制点的，在其他业务活动中则有可能属于一般控制点，反之亦然。管理者应当根据管理或内部控制目标的具体要求、业务活动的类型和特点等来选择与确定企业内部会计控制的关键控制点。

3. 注重相互牵制

相互牵制是以事务分管为核心的自检系统，它通过对职责分工和作业程序的适当安排，使各项业务活动能自动地被其他作业人员查证核对。内部牵制主要包括以下四种类型。

（1）体制牵制。

体制牵制是指通过组织规划与结构设计，把各项业务活动按其作业环节划分后，交由不同的部门或人员实行分工负责，即实现不相容职务的适当分离，以防止错弊的发生，例如，在企业内部分别设置会计、出纳、验收、仓库保管等岗位，明确各自的职责与权限。

（2）簿记牵制。

簿记牵制是指在账簿组织方面，利用复式记账原理和账簿之间的勾稽关系，使它们互相制约、监督和牵制，一般主要是指原始凭证与记账凭证、会计凭证与账簿、账簿与财务报表之间的核对。

（3）实物牵制。

实物牵制是指对某项实物的控制须由两个或两个以上的人员共同掌管或共同操作才能完成。

（4）机械牵制。

机械牵制主要采取程序制约，即利用既定的标准或业务处理程序来控制各个部门、岗位或人员。例如，规定会计凭证的处理程序和传递路线，一方面把单、证、账、表整个记录系统连接起来，使其能够及时、完整、准确地反映单位各项经济业务活动的全过程；另一方面把各职能部门连成一个相互制约、相互监督的有机整体，从而达到了相互牵制的目的。

（三）构建企业内部会计控制体系的思路

1. 建立内部会计控制制度

企业内部会计控制制度应包括：适当的内部单据以便集中责任；文件的顺序编号；按照各主管和主要职员个别责任分类的会计科目表；会计方针、程序手册以及流程图；财务预算，包括详细的经营预算。

（1）适当的内部单据。

要想记载所有部门的作业，必须具有设计良好的表格和单据制度。如果没有这种文件，实质上就无从记载或控制业务部门的作业。由内部填制的单据，也可以为控制资产自甲部门转往乙部门的会计责任这类文件的副本提供凭证轨迹，一旦资产因在部门间移动而发生任何短缺，凭证就是追究责任的焦点。

内部单据如由利益相互对立的两部门共同参与编制，其可靠性就将大大提高。例如，生产部向存储部领取原料，生产通知单需经两部门的职员分别签字、盖章。存储部具有"查明通知单上数量并未少列"的动机，否则就须负担货品短少的责任；同时，生产部也具有查明"计入制造成本的原料并未多列"的意愿。

（2）文件的顺序编号。

将文件进行顺序编号是普遍适用的内部控制方法。连续数字控制了所发文件的号码，对支票、销货发票、订货单、股票和许多其他商业文件都应按照这种方式加以控制。对某些文件（如支票）须按月或按周检查所发文件的编号中的每一个号码，对其他顺序编号的单据，只要注意每天所发的最后一个编号，就可凭此计算当天发行单据的总面值，从而达到控制的目的。对未曾发出但已预先编号的单据，应该随时加以适当的保管和运用数码控制。

（3）会计科目表。

会计科目表是将使用的账户（会计科目）分类后编列成表，并附上对每一账户内容、目的的详细说明。在许多情况下，账户分类不过是在一份清单中分别列举即将在财务报表中出现的项目。比较好的方法是将会计科目表当作内部控制的工具，内中分设各类账户以记载职员、主管的个别责任。例如，零用金应单独由一位职员保管；如果利用账户来衡量个别责任，则应就零用金部分单独设立账户。

（4）会计方针、程序手册以及流程图。

任何企业组织不论规模大小，都具有一套制定办理、记载和汇集交易事项的规定的方法。这种程序应用书面形式说明，以活页流程图的方式印制，并应随手续的变动而修改。只有将会计程序以书面载明，管理当局的决策才能被有效地贯彻实施。同类交易事项的统一处理为产生可靠的会计记录、报表所需，而交易的统一处理，也只有在全体职员完全熟悉日常交易事项的标准处理程序后才有可能实现。

（5）财务预算。

美国会计师协会在系统编拟预算指导中表示，企业的财务预算就是对未来一期（或多期）最可能的财务状况、经营成果和财务状况变动的估计，因而可成为管理当局评估实际绩效的标准。

最简单、最普通的预算形式就是现金预算，即财务主管按照收入来源与支出目的，预算大约在一年内现金收付的流动情形。现金预算的主要目的，在于确保随时备有足够资金可供偿还到期的债务。此外，明确预期收入的来源和去向，可以使截留收入的欺诈舞弊行为易于被揭发。同样地，详细计划现金支出，也可威慑任何尝试篡改现金支付记录和盗用公款的人员。

较为广泛的预算包括以下六种内容。

①销售预算。销售预算包括按产品、地域的销货估计——根据以往销售业绩的分析、价格和营业量的目前趋势，以及对于新产品、销售区和推销术的评价而拟编。

②生产预算。按照销售预算中所需的数量，详细列举各项产品所需原料的数量和成本、人工以及在某种产量下的间接费用。

③销售成本预算。配合预定销售量并按产品、区域估计销售成本、广告、运输、赊销、收账等费用，分别列作变动、半变动、固定等成本。

④厂房设备预算。厂房设备预算包括取得新设备、保养现有设备所需的估计金额。

⑤现金预算。现金预算包括现金收入、付出、短期投资、借款、偿债的估计。

⑥财务预算。财务预算包括期间内的估计损益表、资产负债表和财务状况变动表。

整套预算由下年度估计财务报表汇总而成，并附有企业中各单元（如各区域、各部门、分支机构）的详细分析。在下年度中，应按月编制损益表，以比较预算数字和实际经营的结果。对两者间的重大差异，应附详细的解释并将差异的责任予以认真确认。

总之，预算是一种控制工具，可以建立整个企业明确的绩效标准。未能达到标准时，应通过差异报告提请各相关阶层的经理人员注意。

2.财务风险的控制

企业的风险来自两个方面：经营风险和财务风险。其中，经营风险是指在不使用债务或不考虑投资来源中是否有负债的前提下，企业未来收益的不确定性，它与资产的经营效率直接相关。财务风险是指由于负债筹资而引起的到期不能偿债的可能性。不同筹资方式的偿债压力也不相同。主权资本属于企业长期占用的资金，不存在还本付息的压力，从而其偿债风险也不存在；而债务资金则需要还本付息，而且不同期限、不同金额、不同使用效益的资金的偿债压力并不相同。因此，风险控制的一项重要内容是如何确定不同债务筹资方式的风险，并据此进行风险的回避与管理。

由于财务风险是针对债务资金偿付而言的，从风险产生的原因上可将其分为两大类：一是现金性财务风险，是指企业在特定时点上因现金流出量超出现金流入量，而产生的到期不能偿付债务本息的风险；二是收支性财务风险，是指企业在收不抵支的情况下出现的不能偿还到期债务本息的风险。

针对不同的风险类型，规避财务风险主要从两个方面着手。

（1）对于现金性财务风险，应注重资产占用与资金来源间合理的期限搭配，搞好现金流量安排。

为避免企业因负债筹资而产生的到期不能支付的偿债风险，并提高资本利润率，理论上认为，如果借款期限和借款周期能与生产经营周期相匹配，则企业总能利用借款来满足其资金需要。因此，按资产运用期限的长短来安排和筹集相应期限的债务资金，是回避风险的较好方法之一。

（2）对于收支性财务风险，应做好以下三个方面的工作。

①优化资本结构，从总体上减少收支风险。收支风险大，在很大意义上是资本结构安排不当形成的，如在资产利润率较低时安排较高的负债结构等。在资本结构不当的情况下，企业很可能由于出现暂时性的收不抵支，不能支付正常的债务利息，从而到期不能还。因此，优化资本结构，可从两个方面入手：一是从静态上，优化资本结构，增加企业主权资本的比重，降低总体上的债务风险；二是从动态上，从资产利润率与负债利率的比较入手，根据企业的需要与负债的可能，自动调节其债务结构，加强财务杠杆对企业筹资的自我约束。

②加强企业经营管理，扭亏增盈，提高效益，以降低收支风险。无论是在企业债务的总量上还是期限上，只要企业有足够的盈利能力，那么通过加强经营、提高效益，企业的收支性财务风险就能降低。

③实施债务重整，降低收支性财务风险。当出现严重的经营亏损，收不抵支并处

于破产清算边界时，企业可以通过与债权人协商的方式，实施必要的债务重整计划，包括将部分债务转化为普通股票、豁免部分债务、降低债息率等方式，以使企业在新资本结构的基础上起死回生。

3.优化内部会计控制的环境

（1）营造外部环境。

从内部会计控制制度建设的主体来看，企业是重点，国有企业是重中之重。因此，首先，营造外部环境要从政府角度开展，即内部会计控制制度的制定、指导、督查和处罚等只能归口财政，审计、税务、工商行政管理、银行及主管部门等无须介入，以免再度形成多头管理、重复检查等现象。其次，社会中介机构要把对单位内部会计控制制度的检查作为查账重点，并做出客观公正的评价，但没有处罚权。反过来说，如果所做的评价不够客观公正，应给予适当处罚。另外，为了充分发挥会计控制的作用，应改变现行会计管理体制，由所有者委派财务总监领导会计机构及会计工作，财务总监对所有者负责，会计人员对财务总监负责。公司业务运行则由经营者全权负责，财务总监与经营者相互配合、相互监督，通过财务总监使所有者与经营者达到激励相容。在财务总监制的会计管理体制下，会计控制的范围不仅仅是账、证、表的相互核对与审阅，还应包括业务流程的标准化设计与控制，业务处理过程不相容职务的控制，事后的复核与分析控制，财产清查核对控制。除此以外，各公司可根据自己的业务特点结合经营战略、管理方法设置其他必要的控制点。通过关键控制点的有效运行实现会计控制的目标——维护所有者权益，使会计提供的信息具有相关性与可靠性。

（2）营造内部环境。

完善法人治理结构，是指设计出一套使经营者在获得激励的同时又受到相应的约束，以保障所有者权益的机制。激励与约束的有效结合，将使经营者行为与所有者目标实现最大限度的一致。对经营者的约束，所有者可以利用业绩评价，或通过董事会利用公司章程规定经营者的权限范围，还可以派出监事会直接监督经营者的代理权，以维护所有者权益；对经营者的激励，可以尝试推行年薪制与股票期权计划，使经营者的利益与股东的利益相结合。

构造一个良好的企业氛围，具体包括以下内容。

①员工诚实，有正确的道德观，企业有描述可接受的商业行为、利益冲突、道德行为标准的行为准则。

②员工具有胜任工作、适应企业管理要求的能力。

③企业设有董事会或审计委员会，且独立于管理层。

④企业有正确的管理哲学和经营方式，如管理层对人为操纵的或错误的记录的态度。

⑤企业建立的组织结构，能够使信息到达合适的管理阶层。

⑥企业有明确的授予权利和责任的方式，如对关键部门的经理的职责有充分规定。

⑦设有人力资源政策，并得以贯彻实施，如有关于雇佣、培训、提升和奖励雇员的政策。

要提高管理者的专业管理知识，企业内部会计控制水平的高低很大程度上取决于管理者的管理水平，管理者的管理理念与管理风格决定了企业的控制方式。要想使企业迈上专业化轨道，管理者必须以专业化、国际化的管理知识取代经验型、勇气型、家族式的管理，必须接受专门的管理培训，学习系统的管理知识。

要充实内部会计控制人员的知识结构，财务人员要真正担当起内部会计控制的重任，更新知识，提高操作能力。没有相应的知识支持，内部会计控制不可能完全到位，同时，内部控制主要是做人的工作，需要相应的知识、指挥和协调工作的能力，对于培养这样的"全才"，应采取一定的措施，组织有关专家、学者和企业家就内部控制建设的理论与实务进行经验交流，推广先进企业的做法，并对有关人员进行培训。

4.提高会计人员的业务素质及职业道德

（1）提高会计人员的业务素质及职业道德，是治理会计信息失真、使会计控制有效发挥作用的重要条件。所有的内部控制都是针对"人"这一特殊要素而设立和实施的，再好的制度也必须由人去执行，员工既是内部控制的主体，又是内部控制的客体，可以说，会计人员的品行与素质是内部会计控制效果的一个决定因素。人员品行与素质包括企业对员工价值观、道德水准和业务能力（包括知识、技术与工作经验）的要求。其中，管理者的素质与品行起着重要作用。制度是由人制定的，内部会计控制的有效性无法超越那些建立、管理与监督制度的人的操守及价值观。

（2）提高会计人员业务素质及职业道德的途径。

内部会计控制的成效如何，关键在于会计人员业务素质的高低与职业道德的好坏，为了保证职工忠诚、正直、勤奋、有效的工作能力，从而保证内部会计控制的有效实施，可以采取以下措施。

①从人事部门做起，建立一套严格的招聘程序。对招聘人员的业务素质和职业观有一个全面的考核与评估，并酌情对以前的工作情况进行调查，以更全面地了解一个人的做事方式、道德品质等情况，保证应聘人员符合招聘的要求。在员工未正式上班之前，就让他们去感受企业的文化；了解公司的规章制度、组织结构及相应的工作环境；明确自己的工作范围、工作职责，以便更好地适应环境、投入工作。

②制定员工工作规范。对每一个工作岗位、工作人员，都应该有详细、成文的工作岗位、工作职责描述；制订每一位员工的年度工作计划、年度评估标准，用以引导、考核每一位员工的行为。

③定期对员工进行培训。会计专业知识的培训，专业技能的培训，企业文化、职业道德、社会道德的培训，以创造进一步深造学习的机会。

④加大考核和奖罚力度。应定期对职工业绩进行考核，做到奖惩分明。

⑤工作岗位轮换。可以定期或不定期地进行工作岗位轮换，通过轮换及时发现存在的错弊情况，使会计人员对整个会计工作有更全面、更深入的了解，这样可促进会计人员本身的发展，也有助于会计工作的提高、改善。

会计职业道德完善升华是指在实施企业内部会计控制的过程中，通过"他控"和"自控"，促使职业会计人员进一步树立并增强正确的会计职业良心和职业责任感，进而达到会计职业道德不断完善与升华的一种状态。从某种意义上而言，内部会计控制的过程，也是会计职业道德的自律过程。

因而，就职业会计人员而言，能够促使其会计职业道德的不断完善与升华，是实施企业内部会计控制的最高目标和精神境界。

（四）设计内部会计控制制度的方法

设计内部会计控制制度的方法主要有文字说明方式和流程图方式。

1. 文字说明方式

文字说明方式是指用文字说明会计控制设计的有关内容，这种方法是内部会计控制制度中使用最多的方法。

2. 流程图方式

流程图方式是指用一定的图形反映各项业务的处理程序，这种方法一目了然，更容易被人们理解和掌握，大大有利于提高工作效率。

第七章　内部控制的演进与评价

内部控制的发展由来已久，许多学者以及各国的很多组织和机构在不同时期都从自己的立场出发，根据自己的目的和要求提出了很多理论与实务做法。由于美国的内部控制已比较成熟，本部分以美国内部控制理论的纵向发展为主线，以几个关键性事件为标志，系统地讨论了六个不同时期、不同组织确定的内部控制概念体系：内部牵制制度，内部控制制度，内部控制结构，内部控制整合框架，内部控制系统的框架，财务报告内部控制。

第一节　内部控制的演进

一、内部牵制制度

虽然内部控制的实践可以追溯到 3000 多年前的美索不达米亚文化时期，但是在古代，社会生产力处于手工劳动阶段，技术水平低，交通、通信不便，人与人之间社会联系的成本高、有效性低。经济组织和社会活动一般以家庭为基本单位进行，规模小，结构简单。因此，那时的管理基本上是建立在个人观察、判断和直观基础上的传统经验管理。尽管管理思想源远流长，但没有形成系统的管理理论，也不可能提出内部控制的概念。到了 15 世纪，资本主义得到了初步发展，复式记账法的出现推动了管理和内部控制的发展，以账目间的相互核对为主要内容，实施职能分离的内部牵制开始得到广泛应用。

工业革命后，机器劳动取代手工劳动使社会生产力获得了飞跃发展，新的经济组织——工厂制度普遍建立，组织规模扩大，内部结构复杂。组织运作要求的连续性、规范性、精确性使管理难度空前增大，管理成本人为上升，大量工厂的经营不善和破产倒闭使传统的经验管理遇到了挑战，改进管理、降低组织活动的成本成为当务之急。于是，小瓦特、欧文、亚当·斯密、巴贝奇等，开始真正重视组织管理理论的研究，从此生产计划、技术和劳动分工、设备的合理使用、劳资关系等成为管理者的研究专题，管理思想从经验直觉进入了较系统的研究。但在此之后，尽管工厂制度及其管理经验从英国推广到其他国家，但由于缺乏持续的技术和组织创新动力，管理理论没有很大的进展，这种情况直到美国铁路企业出现后才开始改变。铁路企业的组织管理创新成为后来制造业企业组织管理创新的基础。企业管理理论的进一步发展和完善形成了涉及组织结构、职责分配、业务程序、内部审计等许多方面的控制体系。但是，尽管"内部控制在这期间已在管理实践中完成了其主体内容的塑造过程，但其各项构成要素和控制措施只是散见在企业各项管理制度、惯例和实务中"，管理者并没有从理论上进行总结，也没有提出内部控制的概念。

R.H. 蒙哥马利在 1912 年出版的《审计——理论与实践》一书中指出，所谓内部牵制是指一个人不能完全支配账户，另一个人也不能独立地加以控制的制度。也就是说，一名员工与另一名员工必须是相互控制、相互稽核的。柯氏会计辞典认为，内部牵制是"为提供有效的组织和经营，并防止错误和其他非法业务发生而制定的业务流程，其主要特点是以任何个人或部门不能单独控制任何一项或一部分业务权力的方式进行交叉检查或交叉控制"。内部牵制隐含两个假设：两个或两个以上的人或部门无意识地犯同样错误的可能性很小，两个或两个以上的人或部门有意识地串通舞弊的可能性大大低于单独一个人或部门舞弊的可能性。它要求在企业经营管理中凡涉及财产物资和货币资金的收付、结算及其登记工作，应当由两个或两个以上的员工来处理，以便彼此牵制，查错防弊。从内容上看，它主要包括以下四项职能。

（1）实物牵制，例如，把保险柜的钥匙交给两个以上的工作人员，若不同时使用两把以上的钥匙，保险柜就打不开。

（2）物理牵制，例如，仓库的门若不按正确程序操作就打不开，甚至会自动报警。

（3）分权牵制，例如，每项业务都分别由不同的人或部门去处理，以预防错误和舞弊的发生。

（4）簿记牵制，例如，定期将明细账与总账进行核对。

在我国财政部 2001 年 6 月印发的《内部会计控制规范》中就规定了五种不相容职务：授权批准、业务经办、会计记录、财产保管、稽核，要求合理设计会计及相关工作岗位，明确职责权限，形成相互制衡的机制。人们对内部牵制的理解基本上已经达成共识，在现代内部控制的理论和实务中，它仍占有基础的地位，成为内部控制设计的一个指导原则。

可以说，在审计介入内部控制理论的研究之前，作为现代内部控制雏形的内部牵制制度的主要目的就是查错防弊，控制的主要形式是通过人员之间职能的牵制实现对财产物资和货币资金的控制。它是基于企业经营管理的需要，在当时生产规模较小和管理理论比较原始的条件下，通过总结以往的经验在实践的基础上逐渐形成的。所以，内部控制的最初发展并不是为审计服务的，完全是从管理的角度出发的，而且，在这个时期，从一定意义上说，管理和控制是两个基本等效的概念，它们在含义上是基本一致的。

二、内部控制制度

随着人们逐渐认识到内部控制在企业管理中起到的重要作用，它逐渐引起了管理人员和审计人员的关注。尽管注册会计师审计起源于16世纪的意大利，但是，直到19世纪末，审计人员在改进审计方法的探索中，才开始了对内部控制的研究。他们从本行业的需要出发，把内部控制从企业管理活动中抽象出来，赋予新的含义，并从实践上升为理论。

1934年，美国《证券交易法》首先提出了"内部会计控制"的概念，指出证券发行人应设计并维护一套能为下列目的提供合理保证的内部会计控制系统：①交易依据管理部门的一般和特殊授权执行；②交易的记录必须满足以GAAP或其他适当标准编制财务报表和落实资产责任的需要；③接触资产必须经过管理部门的一般和特殊授权；④按适当时间间隔，将财产的账面记录与实物资产进行对比，并对差异采取适当的补救措施。

1936年，美国会计师协会在《独立注册会计师对财务报表的审查》公告中，首次提出审计师在制定审计程序时，应审查企业的内部牵制和控制，并且从财务审计的角度把内部控制定义为"保护公司现金和其他资产，检查簿记事务的准确性，而在公司内部采用的手段和方法"。

1949年，美国会计师协会所属的审计程序委员会在其专门报告《内部控制：协调制度的要素及其对管理和独立公共会计师的重要性》中，首先对内部控制下了一个被认为比较权威的定义："内部控制包括组织的计划和企业为了保护资产，检查会计数据的准确性和可靠性，提高经营效率，以及促使遵循既定的管理方针等所采用的所有方法和措施。"该报告是从企业经营管理的角度来定位内部控制的，内容不局限于与会计和财务部门直接有关的控制，还包括预算控制、成本控制、定期报告、统计分析、培训计划、内部审计以及技术与其他领域的经营活动，比较客观地从理论上给出了内部控制的内涵。这个定义得到了公司经理的普遍赞同，也就是说，审计界给出的内部控制定义从当时管理者的角度来说也是适用的。

众所周知，审计界提出内部控制概念的目的是满足财务审计的需要，与管理人员对内部控制的理解和要求是不可能一致的，因此，他们认为1949年的定义内容过于广泛，超出了审计人员评价被审计单位内部控制所应承担的职责。迫于这种压力，为了满足财务审计人员在审计中对内部控制进行检查的业务需要，美国注册会计师协会（AICPA）所属的审计程序委员会在 1953 年 10 月颁布了《审计程序说明》第 19 号，对内部控制定义做了正式修改，把内部控制分为会计控制和管理控制。

（一）会计控制

会计控制"由组织计划和所有保护资产、保护会计记录可靠性或与此相关的方法和程序构成。会计控制包括授权与批准制度，记账、编制财务报表、保管财务资产等职务的分离，财产的实物控制以及内部审计等控制"。

（二）管理控制

管理控制"由组织计划和所有为提高经营效率、保证管理部门所制定的各项政策得到贯彻执行或与此直接相关的方法和程序构成。管理控制的方法和程序通常只与财务记录发生间接的关系，包括统计分析、时动分析、经营报告、雇员培训计划和质量控制等"。1963 年，审计程序委员会在《审计程序公告第 33 号》的结论是：独立审计师应主要检查会计控制。会计控制一般对财务记录产生直接的、重要的影响，审计人员必须对它做出评价。管理控制通常只对财务记录产生间接的影响，因此，审计人员可以不对其做评价。但是，如果审计人员认为，某些管理控制对财务记录的可靠性产生重要影响，那么他要视情况对它们进行评价。

第一次修正后的定义，大大缩小了注册会计师的责任范围，但人们对于"会计控制"要"保护资产和保证财务记录可靠性"仍然会发生误解，即"决策过程中的任何程序和记录都可以包括在会计控制的保护资产概念中"。为了避免这种宽泛的解释，进一步明确注册会计师在审计中对评价内部控制的责任，1972 年，美国注册会计师协会（AICPA）对会计控制又提出并通过了一个较为严格的定义："会计控制是组织计划和所有与下面直接有关的方法和程序：①保护资产，即在业务处理和资产处置过程中，保护资产遭过失错误、故意致错或舞弊造成的损失；②保证对外界报告的财务资料的可靠性。"

1972 年，美国注册会计师协会《审计程序说明》的制定者，循着不同的路线进行研究和讨论，对会计控制和管理控制进行了重新定义。

1. 会计控制

会计控制由组织计划以及与保护资产和保证财务资料可靠性有关的程序及记录构成。会计控制旨在保证：经济业务的执行符合管理部门的一般授权或特殊授权的要求；经济业务的记录必须有利于按照一般公认会计原则或其他有关标准编制财务报表，落实资产责任；只有在得到管理部门批准的情况下，才能接触资产；按照适当的间隔期限，将资产的账面记录与实物资产进行对比，一经发现差异，应采取相应的补救措施。

2.管理控制

管理控制包括但不限于组织计划以及与管理部门授权办理经济业务的决策过程有关的程序及其记录。这种授权活动是管理部门的职责,它直接与管理部门执行该组织的经营目标有关,是对经济业务进行会计控制的起点。

注册会计师在开展审计工作时运用的会计控制概念,是一种纯技术的、专业化的、适用范围具有严格规定性的、防护色彩很浓的概念,这种以会计控制为主的定义,虽被独立审计界认可,却屡屡遭到管理人员代言人的攻击。他们指出,这些定义把精力过多地放在纠错防弊上,过于消极和狭窄。凯罗鲁斯先生对于代表独立审计界观点的《特别咨询委员会关于内部会计控制的报告》,只表示有保留地同意。他认为,该报告对内部会计控制范围的讨论受现存审计文献的影响太大。凯罗鲁斯主张,内部控制的范围和目标应有所扩展,以便它们更能够适应管理部门的需要。他极力主张,审计准则委员会所纳入"内部会计控制环境"的某些因素应该是设计合理、运行有效的内部会计控制系统不可分割的组成部分。

这些因素包括:①组织计划,②责任的确定和授权,③预算程序和预算控制,④员工雇用计划和财务人员培训计划,⑤保证所有参与经济业务授权、记录、保护资产、报告财务信息的职员保持较高的行为道德水准的方法和措施。从管理人员(和其他有关的第三方)的角度来看,会计控制和管理控制之间的区别并不大,甚至根本没有区别。特别是那些置身于企业经营活动的人,很难接受这种区分。1980年3月在"内部审计师协会"代表大会的发言中,凯罗鲁斯先生把美国注册会计师协会在1958年将1949年的内部控制定义区分为会计控制和管理控制的行为描绘为"将美玉击成了碎片"。他声称,在这块美玉完全修复以前,我们不可能有一个对管理人员有用、被管理人员理解的内部控制定义。

与1949年的定义相比,这些定义过于消极,仅仅从财务审计的角度出发,范围过于狭窄,把过多的精力和目标放在了查错防弊上,人为地限制了内部控制理论和实践的发展。1977年开始生效的《反国外贿赂法》也采纳了审计中内部控制的含义,其广义的目标是保护财产和记录的可靠性,其具体的目标包括交易的授权、交易的记录、资产接触控制、资产数量和记录比较的会计责任,从法律法规的角度支持了这种内部控制的定位。最终结果就是,审计角度的内部控制与管理者期望的内部控制之间的差距越来越大。

三、内部控制结构

从克雷特对安荣事件(Graig Vs Anyon,1925年,第一起针对注册会计师责任的诉讼）开始，注册会计师涉嫌的案件虽然成千上万，但真正进入诉讼爆炸时期，是在20世纪60年代以后，这不能仅仅解释为一种巧合。从财务审计实务的需要出发，为了减轻实务中注册会计师审计时评价内部控制的责任，审计界把内部控制的定义限制在一个较小范围内，从表面上看来是减轻了审计师的责任和工作量，但是，从另一个角度来说，它恰恰增加了审计风险。因为它把内部控制的范围定得很小，从审计师的角度来看，只要这个范围的业务活动没有问题，就可以根据审计准则实施审计，对范围以外的可以不予考虑，等于自己主观上给审计责任画了一个较小的"圈"。但是，审计师是要面对广大投资者的，广大投资者画的"圈"要大得多，从广大投资者的角度来看，审计并不能仅仅是一种鉴证历史的行为。这种主观认识（进一步来说是利益）上的矛盾导致审计的期望差越来越大。从20世纪60年代以来大量公司倒闭或陷入财务困难引发的审计诉讼爆炸中就可以证实这一点，而且，很多案例的判决结果也有力地支持了"深口袋"理论。

由审计诉讼爆炸导致审计风险增加以及对内部控制的研究由一般向具体深化，AICPA在1988年的第55号审计准则公报《会计报表审计中对内部控制结构的关注》中，用"内部控制结构"取代了"内部控制"，不再区分会计控制和管理控制，而是确立了一种控制结构，指出"企业的内部控制结构包括为合理保证企业特定目标而建立的各种政策和程序"，并指出内部控制结构包括控制环境、会计制度和控制程序三个要素。

（一）控制环境

控制环境是指对企业控制的建立和实施有重大影响的一组因素的统称，反映董事会、管理者、业主和其他人员对控制的态度与行为，主要包括管理哲学和经营方式，组织结构，董事会及审计委员会的职能、授权和分配责任的方式，管理控制方法，内部审计，人事政策与实务等;管理者监控和检查工作时所用的控制方法，包括经营计划、预算、预测、利润计划、责任会计和内部审计等。

（二）会计制度

会计制度是指公司为汇总、分析、分类、记录、报告业务处理信息的各种方法和记录，包括文件预先编号、业务复核、定期调节等。一个有效的会计制度包括以下内容：鉴定和登记一切合法的经济业务；对各项经济业务适当进行分类，作为编制报表的依据；计量经济业务的价值，以使其货币价值能在财务报表中记录；确定经济业务发生的时间，以确保它记录在适当的会计期间；在财务报表中恰当地表述经济业务及有关的揭示内容。

（三）控制程序

控制程序是指为合理保证公司目标实现而建立的政策和程序，包括适当授权、恰当的职责分离、充分的凭证和记录、资产和记录的实物控制、业务的独立检查等。会计系统是内部控制结构的关键因素，也是审计师要直接利用的因素。控制程序是保证内部控制结构有效运行的机制。

内部控制结构的概念特别强调了包括管理人员对内控的态度、认识和行为等控制环境的重要作用，认为这些环境因素是实现控制目标的环境保证，要求审计师在评估控制风险时除关注会计系统和控制程序外，还应对企业面临的内外环境进行评价。由于将内部控制环境这一总括性的要素纳入其中，这个定义从内容范围上有所扩大，不但涉及会计控制，也包含了更多管理控制的内容，与1953年审计师可以只评价会计控制而可以不评价管理控制的提法大相径庭。但是，内部控制依然被认为是"各种政策和程序"，仍然作为从企业管理中抽象出来为审计服务的一个工具。

四、内部控制整合框架

1985年，由AICPA、美国审计总署及管理会计师协会共同赞助成立了反对虚假财务报告委员会，即Tread Way委员会，该委员会探讨的问题之一就是舞弊性财务报告产生的原因，其中包括内部控制不健全的问题。两年之后，Tread Way委员会提出报告，并提出了很多有价值的建议。虽然Trad way委员会未对内部控制提出结论，但它的报告立刻引起了很多组织的回应。基于Tread Way委员会的建议，其赞助机构又组成了一个专门研究内部控制问题的委员会［由美国注册会计师协会（AICPA）、国际内部注册会计师协会（IIA）、财务经理协会（FED）、美国会计学会（AAA）、管理会计学会（IMA）共同组成］，即COSO委员会。

1992年，COSO委员会提出了报告《内部控制——整体框架》，该报告被认为是内部控制理论的最新发展和完善。报告认为，"内部控制是受董事会、管理当局和其他职员的影响，旨在取得：①经营效果和效率，②财务报告的可靠性，③遵循适当的法律等目标而提供合理保证的一种过程"。"经营过程是指通过规划、执行及监督等基本的管理过程对企业加以管理。这个过程由组织的某一个单位或部门进行，或由若干个单位或部门共同进行。内部控制是企业经营过程的一部分，与经营过程结合在一起，而不是凌驾于企业的基本活动之上，它使经营达到预期的效果，并监督企业经营过程的持续进行。内部控制只是管理的一种工具，并不能取代管理。"

内部控制整体框架主要包括以下内容。

（一）控制环境

控制环境构成一个单位的氛围，影响内部人员控制其他要素的基础，包括以下几种。

（1）员工的诚实性和道德观，如有无描述可接受的商业行为、利益冲突、道德行为标准的行为准则。

（2）员工的胜任能力，如雇员是否能胜任质量管理的要求。

（3）董事会或审计委员会，如董事会是否独立于管理层。

（4）管理哲学和经营方式，如管理层对人为操纵的或错误的记录的态度。

（5）组织结构，如信息是否到达合适的管理阶层。

（6）授予权利和责任的方式，对关键部门的经理的职责是否有充分规定。

（7）人力资源政策和实施，如是否有关于雇佣、培训、提升和奖励雇员的政策。

（二）风险评估

风险评估是指管理层识别并采取相应行动来管理对经营、财务报告、符合性目标有影响的内部或外部风险，包括风险识别和风险分析。风险识别包括对外部因素（如技术发展、竞争、经济变化）和内部因素（如员工素质、公司活动性质、信息系统处理的特点）进行检查。风险分析涉及估计风险的重大程度、评价风险发生的可能性、考虑如何管理风险等。

（三）控制活动

控制活动是指对确认的风险采取必要措施，以保证单位目标得以实现的政策和程序。实践中，控制活动的形式多样，可将其归结为以下几类。

（1）业绩评价，是指将实际业绩与其他标准，如前期业绩、预算和外部基准尺度进行比较；将不同系列的数据相联系，如经营数据和财务数据；对功能或运行业绩进行评价。这些评价活动对实现企业经营的效果和效率非常有用，但一般与财务报告的可靠性和公允性相关度不高。

（2）信息处理，是指保证业务在信息系统中正确、完全和经授权处理的活动。信息处理控制可分为两类：一般控制和应用控制。一般控制与信息系统的设计和管理有关，如保证软件完整的程序、信息处理时间表、系统文件和数据维护等；应用控制与个别数据在信息系统中处理的方式有关，如保证业务正确性和已授权的程序。

（3）实物控制，也称为"资产和记录接近控制"，这些控制活动包括实物安全控制、对计算机以及数据资料的接触予以授权、定期盘点以及将控制数据予以对比。实物控制中防止资产被窃的程序与财务报告的可靠性有关，如在编制财务报告时，管理层仅仅依赖于永续存货记录，则存货的接近控制与审计有关。

（4）职责分离，是指将各种功能性职责分离，以防止单独作业的雇员从事或隐藏不正常行为。一般来说，下面的职责应被分开：业务授权（管理功能）、业务执行（保管职能）、业务记录（会计职能）、对业绩的独立检查（监督职能）。理想状态的职责分离是，没有一个职员负责超过一个的职能。

（四）信息与沟通

信息与沟通是指为了使职员能执行其职责，企业必须识别、捕捉、交流外部和内部的信息。外部信息包括市场份额、法规要求和客户投诉等信息。内部信息包括会计制度，即由管理当局建立的记录和报告经济业务与事项，维护资产、负债和业主权益的方法与记录。有效的会计制度应是以下几种。

（1）包括可以确认所有有效业务的方法和记录。

（2）序时详细记录业务，以便于归类，提供财务报告。

（3）采用恰当的货币价值来计量业务。

（4）确定业务发生时期，以保证业务记录于合理的会计期间，在财务报告中恰当披露业务。

沟通是使员工了解其职责，保持对财务报告的控制。它包括使员工了解在会计制度中如何将他们的工作与他人相联系，如何向上级报告例外情况。沟通的方式有政策手册、财务报告手册、备查簿，以及口头交流或管理示例等。

（五）监督

监督是指评价内部控制质量的进程，即对内部控制改革、运行及改进活动的评价，包括内部审计和与单位外部人员、团体进行交流。

该报告在1994年进行了修订，在COSO报告第二卷"对外部关系人报告"的修正说明中指出："防止未经授权而取得、使用或处置资产的内部安全控制是一个为预防或及时发现对财务报告有重大影响的未经授权的资产的取得、使用或处置提供合理保证的过程，上述过程受企业的董事会层及其他人员的影响。""当董事会和管理阶层能合理地保证对财务报告有重大影响的未经授权的资产取得、使用或处置能被预防或及时发现时，则这类内部控制可被判断为有效。"1996年，美国注册会计师协会发布《审计准则公告第78号》（SAS78），全面接受COSO报告的内容，并从1997年1月起取代1988年发布的《审计准则公告第55号》（SAS55）。新准则将内部控制定义为："由一个企业的董事长、管理层和其他人员实现的过程，旨在为下列目标提供合理保证：财务报告的可靠性，经营的效果和效率，符合适用的法律和法规。"

与以往的内部控制理论及研究成果相比，COSO报告提出了许多新的、有价值的观点。主要体现在以下十个方面。

1. 明确了建立内部控制的"责任"

COSO 报告认为，无论是管理人员还是内部审计或董事会，组织中的每个人都对内部控制负有责任。这种组织思想有利于将企业的所有员工团结一致，使其主动地维护及改善企业的内部控制，而不是与管理阶层相互对立，被动地执行内部控制。

2. 强调内部控制应该与企业的经营管理过程相结合

COSO 报告认为，经营过程是指通过规划、执行及监督等基本的管理过程对企业加以管理。这个过程由组织的某一个单位或部门进行，或者由若干个单位或（及）部门共同进行。内部控制是企业经营过程中的一部分，与经营过程结合在一起，而不是凌驾于企业的基本活动之上，它使经营达到预期的效果，并监督企业经营过程的持续进行。不过，内部控制只是管理的一种工具，并不能取代管理。

3. 强调内部控制是一个"动态过程"

内部控制是对企业的整个经营管理活动进行监督与控制的过程，企业的经营活动是永不停止的，企业的内部控制过程因此也不会停止。企业内部控制不是一项制度或一个机械的规定，企业经营管理环境的变化必然要求企业内部控制越来越趋于完善，内部控制是一个发现问题、解决问题、发现新问题、解决新问题的循环往复的过程。

4. 强调"人"的重要性

COSO 报告特别强调，内部控制受企业的董事会、管理阶层及其他员工的影响，透过企业之内的人所做的行为及所说的话而完成。只有人才可能制定企业的目标，并设置控制的机制。反过来，内部控制影响着人的行动。

5. 强调"软控制"的作用

相对于以前的内部控制研究成果而言，COSO 报告更加强调那些属于精神层面的事物，如高级管理阶层的管理风格、管理哲学、企业文化、内部控制意识等"软控制"的作用。再完善的企业制度都会有漏洞，仅仅靠企业制度安排是不行的，应该在强化企业制度安排的同时，注重人的问题，因为企业制度是人制定的，而且需要人来执行，若人的问题解决不好，再好的企业制度安排也无法保证企业高效地稳定发展。

所谓注重人的问题，就是注重对人的价值理念的提升，也就是注重对企业文化的提升。企业文化既不是指企业搞文化活动，也不是指企业搞形象设计，而是指人的价值理念，即人们在价值理念上对企业制度安排及企业发展战略的认同，是人的内在自我约束。正因为企业文化是人的自我内在约束，才应该在注重作为人的外在约束的制度安排的同时，注重从强化人的内在约束上考虑问题。例如，就诚信理念来说，我们不仅仅要强调信守契约的诚信，还要强调信息不对等条件下的诚信，以及在坚持追求自己利益的同时，考虑对方利益的诚信。从美国企业出问题的现象来看，美国企业对于前一种诚信确实是坚持了，但是对于后两种诚信则恰恰没有坚持。因此，应该注重对企业文化的提升。

企业文化包括三大内容：一是经营性企业文化，即企业在经营活动中应有的价值理念；二是管理性企业文化，即企业在管理活动中应有的价值理念；三是体制性企业文化，即企业在体制运转中应有的价值理念。我们强调提升企业文化，就是指应该从这三个方面提升企业文化。我国的企业文化还仅仅处于起步地位，因而更应该注重对企业文化的提升。我们应该从美国企业出问题的现象中，看到企业文化提升的重要性，加强对企业文化的建设。

6. 强调风险意识

COSO 报告指出，所有的企业，不论其规模、结构、性质或产业是什么，其组织的不同层级都会遭遇风险，管理阶层须密切注意各层级的风险，并采取必要的管理措施。

7. 糅合了管理与控制的界限

在 COSO 报告中，控制已不再是管理的一部分，管理和控制的职能与界限已经模糊。

8. 强调内部控制的分类及目标

COSO 报告将内部控制目标分为三类：与营运有关的目标、与财务报告有关的目标以及与法令的遵循性有关的目标。这样的分类高度概括了企业控制目标，有利于不同的人从不同的视角关注企业内部控制的不同方面。

9. 明确指出内部控制只能做到"合理"保证

COSO 报告认为，不论设计及执行有多么完善，内部控制都只能为管理阶层及董事会提供达成企业目标的合理保证。而目标达成的可能性，尚受内部控制之先天条件的限制。

10. 明确指出内部控制应当符合成本与效益原则

内部控制并不是要消除任何滥用职权的可能性，而是要创造一种为防范滥用职权而投入的成本与滥用职权的累计数额之比呈合理状态（经济原则）的机制。

COSO 报告把内部控制视为企业经营过程的组成部分，是管理的一种工具，是一种提供合理保证的过程，这与内部控制结构中"各种政策和程序"的提法相比有了一定的进步。从其具体内容来看，内部控制整体框架中包括了控制环境、风险评估、控制活动、信息和沟通、监督五个部分，如果详细地分析一下其具体内容，我们就会发现，内部控制的内容已经涵盖了企业经营管理的很多方面，而且从整体上来看，已经形成一个系统，此时再把内部控制视为管理的一种工具，实在有些勉强和不协调。

五、内部控制系统的框架

巴塞尔银行监管委员会 1998 年 9 月在其报告《银行组织内部控制系统的框架》中，提出了内部控制框架的目标和任务以及内部控制程序的主要构成要素。

（一）内部控制框架的目标和任务

内部控制是由董事会、高级管理层及所有职员参与的过程。它不是指在某一特定时点执行的程序或政策，而是指银行内部在各方面持续操作的过程。董事会和高级管理层负责建立适当的文化以促进有效的内部控制程序，并且监控其持续有效性。而且，组织里的每个人必须参与这个过程。内部控制的主要目的有以下几点。

（1）行为的效率和效力（绩效目标）。

（2）金融和管理信息的可靠性、完整性和及时性（信息目标）。

（3）遵守适合的法律和规则（遵守目标）。

内部控制的绩效目标是指银行使用其资产和其他资源的效力与效率以及保护银行免遭损失。内部控制程序致力于确保组织的职员高效、完整地实现目标，不存在无意识和额外的消耗或者把其他利益（如职工、卖主或消费者的利益）置于银行的利益之前。内部控制的信息目标是指编制银行组织决策所需的及时、可靠和相关的报告。他们同时要提交可靠的年度报表、其他财务报告书、相关财务状况的披露，以及向股东、监督人和其他外部团体所做的报告。经理、董事会、股东和监督者获得的信息应是十分可靠和完全的，以便根据这些信息做出决策。可靠性是与财务报表相关的，指的是编制公允呈报的、基于公认与明确定义的会计原则和规则的报表。内部控制的遵守目标是指确保所有银行业务都遵守适合的法律与规则、监督要求和组织的政策与规程。为了保护银行的特权和名誉，这个目标必须实现。

（二）内部控制程序的主要构成要素

内部控制程序，从历史观点上说，是为了减少欺诈、盗用和过失行为发生的机制，现在已变得更广泛，涉及银行组织面临的各种风险。目前，已经公认一个健全的内部控制程序对银行实现既定目标的能力以及维持经济生存的能力非常重要。

内部控制由五个相关要素组成。

1.管理监督和控制文化

（1）董事会。

原则 1：董事会应当有责任批准和定时审核银行的全部商业策略与重要政策；了解银行经营中的主要风险，为这些风险设定可以接受的水平，确保高级管理层可采取必要的措施来识别、计量、监督和控制这些风险；批准组织结构，确保高级管理层对内部控制系统的有效性进行实时监督。董事会对确保充分、有效的内部控制系统的建立和维持负最终责任。

（2）高级管理者。

原则2：高级管理者应当有责任执行董事会批准的战略和政策，制定措施来识别、计量、监督和控制银行业务引发的风险，维持一个能够清晰分配责任、权力和报告关系的组织结构，确保委托责任的有效完成，设定适当的内部控制措施，监督内部控制系统的充分性和有效性。

（3）控制文化。

原则3：董事会和高级管理层有责任倡导高水平的伦理道德与正直诚实的标准，在组织内部建立一种文化，强调并向所有层次的员工展示内部控制的重要性。银行系统里的所有员工需要了解他们自己在内部控制程序中的作用，并全力投入其中。

2. 风险识别和评估

原则4：一个有效的内部控制系统要识别和持续地评估那些能够对实现银行的目标产生反面影响的重大风险。这种评估应当涵盖银行和整个银行组织面对的所有风险（如信用风险、国家和转移风险、市场风险、利率风险、流动性风险、经营风险、法律风险和声誉风险），需要对内部控制做出修订，以适当地致力于任何新的或以前没有控制到的风险。

3. 控制活动和职责分离

原则5：控制活动应当是银行日常活动的一个组成部分。一个有效的内部控制系统要求建立一个适当的控制结构，在企业的每一层次定义出控制活动。这些控制活动包括：高水平的复核，对不同部门或部分的适当的活动控制，实物控制，检查是否遵守了披露限制以及有没有针对无遵守的后续措施，批准和授权制度，确认和协调制度。

原则6：有效的内部控制系统要求建立适当的职责分离，确保没有给员工分配相冲突的职责。应当识别存在潜在利益冲突的领域，使之最小化，并进行谨慎的、独立的监督。

4. 信息与沟通

原则7：一个有效的内部控制系统不但需要与决策有关的事项和环境的外部市场信息，也需要充分的、全面的内部财务、经营和遵循情况的数据。信息应当可靠、及时、可以取得，并且以一致的形式提供。

原则8：一个有效的内部控制系统要求银行所有的重要活动具有可靠的信息系统。这些系统，包括那些拥有和使用电子形式数据的系统，必须是安全的，进行了独立的监控，并且得到了充分地应对意外事故的安排的支持。

原则9：一个有效的内部控制系统需要有效的沟通渠道，以确保所有员工充分地理解和遵守影响他们职责与义务的政策和程序，其他相关信息也要同时到达适当的人员手中。

5. 监督活动与纠正缺陷

原则 10：应当在持续的基础上监控银行内部控制的整体有效性。重大风险的监控不仅是对业务政策和内部审计的定期评价，也是银行日常活动的一个组成部分。

原则 11：内部控制系统应当有一个有效的、全面的内部审计，它应当由能独立操作、经过适当培训和有能力胜任的员工执行。内部审计职能部门，作为内部控制系统监控的组成部分，应当直接向董事会或它的审计委员会和高级管理层报告。

原则 12：对于内部控制缺陷，无论是被业务政策、内部审计发现的，还是被其他控制员工发现的，都应当及时地向适当的管理层报告，并迅速采取措施处理。对于重大的内部控制缺陷应当向高级管理层和董事会报告。

（三）监管当局对内部控制系统的评价

原则 13：监管者应当要求所有的银行，无论其规模大小，都建立一个与其性质、复杂程度和借贷活动固有的风险相一致的内部控制系统，并且对银行环境和条件的变化做出反应。如果监管者确认某一银行的内部控制系统对其特定的风险状况来说是不充分或无效的（比如，没有涵盖本文献中的所有原则），那么他们应当采取适当的行动。

六、SEC 的财务报告内部控制

美国证券交易委员会（SEC)2003 年 6 月提出了财务报告内部控制的概念。财务报告内部控制是指由公司的首席执行官、首席财务官或者公司行使类似职权的人员设计或监管的，受到公司的董事会、管理层和其他人员影响的，为财务报告的可靠性和满足外部使用的财务报表编制符合公认会计原则提供合理保证的控制程序。

财务报告内部控制的具体控制政策和程序主要包括以下几点。

（1）保持详细程度合理的会计记录，准确公允地反映资产的交易和处置情况。

（2）为下列事项提供合理保证：公司对发生的交易进行必要的记录，从而使财务报表的编制满足公认会计原则的要求；公司所有的收支活动经过公司管理层和董事会的授权。

（3）为防止或及时发现公司资产未经授权的取得、使用和处置提供合理保证，这种未经授权的取得、使用和处置资产的行为可能对财务报表产生重要影响。

第二节 内部控制整合框架的探讨

在国外关于内部控制研究的文献中，一般认为，内部控制可以把公司保持在实现利润目标和完成公司使命的轨道上，并且使这个过程中的意外减到最小。它使管理层能够处理迅速变化的经济和竞争环境、多变的顾客需求和偏好，并重新构筑未来的增长。内部控制可以提高效率，减少财产损失的风险，并有助于确保财务报表的可靠性及其与规章制度的符合性。内部控制被赋予服务于多重重要目标的任务，越来越被视为解决各种潜在问题的有效方法，从内部控制理论目前的发展来看，比较典型的要数COSO的内部控制整合框架，它提出的内部控制由五个要素组成：控制环境、风险评估、控制活动、信息与沟通、监督。COSO框架把建立、加强或削弱特定政策、程序及对其效率产生影响的各种因素概括为控制环境，其中囊括了管理思想和经营方式、组织结构、审计委员会、责任授权和划分的方法、人力资源管理等多项内容；把企业确认和分析与其目标实现相关风险的过程概括为风险评估，作为管理风险的基础；把为了确保其指令被贯彻执行，管理当局制定的各种措施和程序概括为控制活动，一般包括授权和批准、职责划分、设计和运用恰当的凭证、恰当的安全措施、独立的检查和评价等；把企业在一定的时间内以一定的形式确定、收集和交换信息，从而使员工能够行使责任的过程概括为信息和沟通；把评估内部控制运行质量的过程和管理当局用来督查会计系统与相关控制程序的手段概括为监督。

一、内部控制的含义和目标

内部控制最原始的含义就是不同的事由不同的人负责。这个简单的提法引起了企业家、立法者、管理者和其他各方之间理解上的混乱。由此而产生的错误沟通和不同的期望引发了各种各样的问题。COSO报告针对管理层和其他各方不同的需要与期望，在承认各方对内部控制的理解存在差异的前提下，通过内部控制整体框架的提出，希望达到两个目的。

（1）确立一个服务于不同各方需要的一般定义。

（2）提供一个企业和其他各方（大型的或小型的，公共的或私人的，营利的或非营利的）可以评价它们的控制系统并确定如何加以改善的标准。

内部控制从广义上定义为由企业的董事会、管理层和其他员工实施的一个过程，目的是为下列目标的实现提供一个合理的保证：经营的效果和效率，财务报告的可靠性，与法律和法规的符合性。第一类目标致力于企业基本的商业目标，包括绩效、利润目标以及资源的安全保护。第二类目标涉及编制可靠的公开财务报表，包括中期财务报表、简略财务报表以及从这些报表中选取的数据，比如，收益情况公告、公开报告。第三类目标是要符合相关的法律和法规。这些明确而又交叠的目标表明了不同的需要，提供了一个各方直接关注的重点来满足各种需要。

内部控制系统运行在不同的效能水平上，可以分别从三类目标中的每一类来判断内部控制的有效性。如果董事会和管理层能够合理保证他们了解企业经营目标的完成程度，公布的财务报表编制可靠，以及生效的法律和法规都得到了遵守，那么内部控制就是有效的。尽管内部控制是一个过程，但是，它的有效性是指一个过程在一个或多个时间点上的状态或状况。

二、构成要素的相互关系

COSO 框架小，内部控制由控制环境、风险评估、控制活动、信息与沟通、监督五个相关的要素组成。它来源于管理层经营企业的方式，并且与管理过程结合在一起。

控制环境确立了一个组织的基调，影响其人员的控制意识。它是其他内部控制构成要素的基础，提供规则和结构。控制环境的要素包括企业员工的正直性、伦理价值观和能力，管理哲学和经营方式，管理当局分配的权利和责任，组织和人力资源开发的方式，董事会的关注和指导等。

每个企业都面临着来自外部和内部的各种风险，必须进行评估。风险评估的前提条件是确立与不同的水平相联系并且内部协调一致的目标。风险评估就是对与实现目标有关的风险进行识别和分析，为决定如何控制风险形成根据。因为经济、行业、法规和经营条件是持续变化的，所以企业需要识别和处理与变化有关的特殊风险。

控制活动是指有助于确保管理指令得以执行的措施和程序。它们有助于确保针对实现企业目标的风险采取了必要行动。控制活动发生在整个组织中，发生在各个层次上，也发生在各种职能中。它们包括各种各样的活动，比如，批准、授权、查证、协调、经营绩效的复核、财产的保护和职责的分离等。

信息与沟通要求必须识别、获取潜在的信息，并以一定的方式在员工能够履行他们职责的期限内进行交流。信息系统能产生报告，报告中包含经营、财务和与符合法规有关的信息，它使管理和控制企业成为可能。它们处理的不仅仅是内部产生的信息，还有有关外部事件、活动的信息，以及有必要通知企业决策层的情况和外部报告。有效的沟通也必须发生在一个更加广泛的意义上，自上而下、横向、自下而上地在组织内流动。所有人员必须从最高管理层收到明确的信息，对控制的职责必须认真地执行。

他们必须明白自己在内部控制系统中的角色，必须明白个人的活动与其他人的工作是如何联系在一起的。他们必须有向上级管理层沟通重要信息的途径。此外，与外部各方的沟通也应当是有效的，比如，顾客、供应商、监管者和股东。

对内部控制系统需要进行监督，它是一个评价系统实施质量的过程。这个过程是通过持续进行的监督活动、独立评估或者两者的结合来完成的。持续进行的监督发生在经营过程中，它包括通常的管理和监督活动，以及员工在履行他们的职责时采取的其他活动。独立评估的范围和频率主要取决于风险的评估与持续监督程序的有效性。发现内部控制缺陷后应当向上汇报，而且要将重大事件报告给最高管理层和董事会。

在这些要素之间存在着协同和联合作用，形成了一个对变化的环境做出动态反应的完整系统。内部控制与企业的经营活动缠绕在一起，因为企业基本的目标而存在。如果将控制嵌入企业的基础结构并使其成为企业的一个重要组成部分，那么内部控制就会非常有效。"嵌入"式控制支持质量和授权主动性，避免了不必要的成本，能够对变化的环境做出快速反应。

三、内部控制的效用和局限性

在企业要努力实现的三类目标之间以及在实现这些目标所需的内部控制的构成要素之间存在着直接联系。内部控制的所有构成要素都与每一类目标相关。从任何一类目标（比如，经营的有效性和效率性）来看，只有在所有的五个构成要素都存在，并且有效地发挥作用时，才能确定经营的内部控制是有效的。

从一般意义上来说，内部控制能够帮助企业实现它的绩效和利润目标，防止资源的损失。它不仅有助于保证可靠的财务报告，而且有助于确保企业遵守了法律和法规，避免声誉损害和其他后果。总之，它有助于一个企业达到它的目标，并且避免这个过程中的隐患和意外。

但是，很多人产生了过大的、不合实际的期望。他们寻求绝对，认为内部控制能够确保一个企业的成功，也就是说，它将确保实现基本的商业目标，或者至少确保能够生存下去。尽管有效的内部控制有助于企业实现这些目标，但是，它只能够提供给管理层有关企业能否完成目标的信息。内部控制不能把一个本来很差劲的管理者变成一个好的管理者。而且，政府政策或计划的变化、竞争者的行为或经济状况都可能超出管理当局的控制。因此，内部控制不能确保成功，甚至不能确保生存。

内部控制能够确保财务报告的可靠性和对法律法规的符合性，这种想法也是不能获得保证的。一个内部控制系统无论构思和运行得多好，都只能向管理当局和董事会提供实现企业目标的合理而不是绝对的保证。目标实现的可能性受到内部控制系统的固有缺陷的影响，决策中的判断可能是错误的，事故的发生也可能是因为轻微的误差或错误引起的。而且，控制可能会被两个或更多人的共谋绕过，管理当局也有能力越过控制系统。另一个限制因素是：内部控制系统的设计必须反映存在资源约束的现实，而且，控制的效益必须与控制所费的成本相联系。因此，尽管内部控制能够帮助一个企业实现它的目标，但是，它不是万能药。

四、内部控制的实施与参与

高级管理层、董事会、内部审计师、立法者和监管者、职业组织、其他人员等相关各方在内部控制的实施中发挥着重要作用。

（一）高级管理层

首席执行官对内部控制负有根本的责任，他应当确保内部控制系统的"所有权"。与任何一个其他人不同，首席执行官能确立"最高的基调"，这个基调影响着一个积极控制环境的正直、伦理以及其他要素。在大型公司里，首席执行官通过向高级经理提供领导职位和指导，并复核他们控制业务的方式来履行这项职责。而高级经理则把制定更加具体的内部控制措施和程序的职责，分配给负责单位职能的人员。在小型公司里，首席执行官通常既是所有者又是管理者，他的影响通常更直接。无论公司规模大小如何，在一个瀑布型的职责体系中，经理实际上就是其职责范围内的首席执行官。财务执行官和他们的职员尤其重要，他们的控制活动既可以直接穿过，又可以遍及企业经营以及其他各个要素。

尽管大部分高级行政人员认为他们基本上"控制着"他们的组织，但是，很多人也认为，在他们的公司里存在着一些尚处于初级控制阶段或者需要加强控制的区域（比如，一个分公司、一个部门或一个超越其他活动的控制要素）。参照这个框架，首席执行官以及主要的经营和财务官员能够把注意力集中在需要的地方，着手对控制系统进行评价。首席执行官需要把各业务部门的经理和主要的职能人员召集到一起，讨论如何对控制进行初步的评价，并做出指示，即要求他们在初步评价过程中与其部门的主要员工讨论内部控制的相关概念，就他们的责任范围提供监督并报告以后的结果。还要初步复核公司或公司部门的政策和内部审计计划。无论其形式如何，应当能够确定初步评价是否有必要，以及如何继续进行一个更广泛、更深入的评价，而且它应当确信持续的监督过程是适当的。

（二）董事会

管理当局应向董事会负责，董事会进行治理、指导和监督。有效的董事会成员应当是客观、有能力和善于发问的。他们不仅要了解企业的活动和环境，而且要花费必要的时间来履行董事会的职责。管理当局所处的位置可以越过控制并且能够不理睬或抵制来自下属的信息沟通，这使蓄意不如实叙述成果的不诚实的管理当局能够掩盖它的劣迹。一个强有力的、积极的董事会，尤其是结合有效的向上沟通渠道、财务、法律和内部审计职能的董事会，通常能够很好地识别和改正这些问题。董事会成员应当与高级管理层讨论企业内部控制的状况，并提出必要的监督。他们应当从内部和外部审计师那里寻求信息的输入。

（三）内部审计师

内部审计师在评价控制系统的有效性方面发挥着重要作用，它有助于控制的持续有效性。因为在企业中的特殊职位和授权，内部审计通常都发挥着重要的监督作用。内部审计师不仅要考虑他们关注内部控制系统的范围，而且要把他们的评价材料与评价工具进行比较。

（四）立法者和监管者

任何实际存在的问题都可能有误解和不同的期望，对内部控制的期望在两个方面存在很大的不同。第一，对于控制系统能完成什么，学者意见不同。一些学者认为，内部控制系统能够或者应当防止经济损失，或者至少防止公司脱离正常轨道。第二，即使对内部控制系统能做什么、不能做什么以及"合理保证"概念的有效性取得一致意见，但是对于这个概念的含义以及如何应用它可能存在着完全不同的观点。监管者在一个所谓的控制失败发生之后，便有了"后见之明"，宣称维护"合理保证"。立法者或监管者与报告内部控制的管理层应当就一个通用的内部控制框架取得一致意见，包括内部控制的局限性。COSO整体框架就是起了这样一个作用，它有助于达成一致的看法。

（五）职业组织

对财务管理、审计和相关问题提供指导的职业组织在制定规则时应当根据这个框架考虑他们的准则与指南。从某种意义上来看，如果能够消除内部控制在概念和术语上的差异，所有的各方都会受益。

（六）其他人员

从某种意义上说，内部控制是企业中每个员工的责任，因此，它应当成为每个员工工作说明的一个清楚的或含蓄的组成部分。经理和其他员工应当考虑如何根据这个框架执行他们的控制职责，与更高层的人员讨论加强控制的意见。实际上，所有员工通过产生内部控制系统中使用的信息，或者采取其他必要的行动来实现控制。而且，所有员工都应当负责向上沟通经营中的问题、不符合行为准则的行为，或者其他违反政策的行为或违法行为。

许多外部相关人员通常也有助于实现企业的目标，外部审计师能从独立和客观的角度来看问题，他们在履行职责的过程中，通过财务报表审计直接和通过向管理当局与董事会提供有用的信息间接有助于企业目标的实现。其他向企业提供实施内部控制有用信息的人，有执法者、监管者、顾客、与企业有业务交易的其他人、财务分析者、债券评级人和新闻媒体。但是，外部相关方对内部控制不负责，也不是企业内部控制的要素。

第三节　内部控制的纵向比较

在对内部控制发展与经济环境变化的互动关系进行初步探讨后，为了分析内部控制的本质，充分揭示和预测内部控制的发展趋势，需要对不同时期的内部控制理论进行比较。

分析上述内部控制的发展历程，不难发现内部控制遵循了一个由部分到整体、由简单到复杂、由零散到系统的发展过程，其包括的内容、涉及的范围和层面越来越多，内容越来越丰富。比较不同时期内部控制的目标，我们就会发现内部控制的目标呈多元化的发展趋势，由最初的仅包括企业利益的单一目标逐渐转变为融入了多个相关利益主体的目标。现代企业制度下的内部控制已不再是传统的查弊和纠错，而是涉及企业的各个方面，成为公司所有权结构的具体体现，这与企业组织形式的演化及管理理论的发展是一致的。以COSO框架为例，COSO框架综合了企业管理层和其他相关各方不同的需要与期望，提出了一个服务于不同各方需要的内部控制的一般定义。其目标体系包括三类目标：第一类目标致力于企业基本的商业目标，包括绩效、利润目标以及资源的安全保护，其出发点是企业的生产经营，是为管理者服务的；第二类目标涉及编制可靠的公开财务报表，包括中期财务报表、简略财务报表以及从这些报表中选取的数据，比如，收益情况公告、公开报告，其立足点是保护企业外部投资者的利益，是为外部投资者服务的；第三类目标是要符合相关的法律和法规，是为监管者服务的。也就是说，这个目标体系中包含了至少三个方面的利益主体，但是，我们很清楚他们的利益是不一致的，而且更重要的是，内部控制的具体实施是在企业内部，直接对其施加影响的是企业管理者。内部控制的内容也逐渐突破了企业内部管理控制的限制，开始向直接决定企业经营效率的治理控制扩展。

同时，我们也要看到，内部控制从内容侧重点和形式上都打上了审计行业或专业的烙印，被定义在与财务审计密切联系的"保证和防护政策、程序、过程"这样一个狭窄的范围内。笔者认为，以往内部控制的含义范围较小可能是出于以下几个原因。

第一，最初的企业大多由自然人出资兴办，规模一般较小，经营范围狭小，组织结构简单，管理比较容易，更重要的是出资者自己负责企业的经营管理，并独自享有权益，不存在委托代理的问题，也不会出现各股东之间利益的争夺。在这种情况下，管理活动简单直接，内部控制刚刚开始发展，其一般的含义也仅仅是指高级经理层以下生产经营活动的控制，其常用的形式就是通过人员之间职能的牵制实现对财产物资和货币资金的控制。

第二，随着生产的发展，企业的组织形式开始发生变化，由单一产权变成了多产权，比较典型的就是股份公司的出现。然而，在有许多典型的股份制公司的国家，比如英美，公司治理依赖的是企业运作的高度透明和比较完善的立法与执法体制。这些强制性的外部措施为这种多产权的企业组织形式提供了充分保障，或者说企业外部控制的充分性弥补了内部控制的不足，企业治理控制没有成为企业内部控制关注的问题。

第三，最早提出内部控制概念的是会计和审计人员，他们提出这个概念的目的在于提高审计效率，高效、低成本地完成审计任务。而且，由于在很长一段时间里审计以财务报表审计为主，其目的也只是对财务报表的合法性、公允性和一贯性发表意见，对企业内部控制的考虑也只限于与财务报表有关的部分。所以，审计角度的内部控制仅仅关注与财务报表有关的会计控制，很少关注管理控制的内容，企业治理控制的内容就更加罕见。这都从客观上导致了内部控制理论的狭隘性。

第四，内部控制理论与其他理论一样，它的产生与发展都是基于社会经济环境的一定需要。从内部控制发展和演变的过程来看，内部控制的发展最初是基于管理的某种需要，后来基本上是外部审计的推动，可以说，企业管理的发展和外部审计在内部控制理论与实践的发展中起到了巨大的推动作用。内部控制理论的每一个阶段性成果无不与企业组织形式的变化和利益相关者的价值目标取向一致，每当企业组织形式和利益相关者发生变化时，内部控制都会面临挑战。随着社会经济环境的变化，内部控制也必然会获得新的发展。

从历史发展的渊源来看，内部控制本身并不是因为审计而产生的，在审计没有提出这个术语之前，它已经有了长足的发展。而这个术语的提出也只是审计理论和实务界从业务需要出发，为了在保证审计质量的前提下提高审计效率，把企业管理中与财务报表审计有关的程序、制度抽象出来而形成的一种为审计服务的工具。它是随着审计专业、审计行业的发展而发展的。所以，迄今为止，其研究组织、研究人员都是审计和会计的相关组织与机构；在内容上还仅仅限于审计理论和实务，对内部控制的定位还停留在与财务审计密切联系的"保证和防护政策、程序、过程"上。虽然随着内部控制的发展，其内容已经扩展到了企业的很大领域，但是，在内容和形式上审计专业或行业的烙印依然很深。

　　总之，不管是为了增进财务信息的价值，还是为了促进股东和企业利益的最大化，抑或是为了分担社会风险，审计从本质上来说都是一个评价客观事物的过程。因此，不管采取的方式和方法如何，它都必须尽可能地客观。内部控制概念的提出是为了在保证审计质量的前提下提高审计效率，在实践上有积极意义。但是，如果从缩小审计师的责任的角度出发，仅仅从本行业或专业的角度去定义内部控制，就人为地限制了内部控制的范围，笔者认为，这很可能会造成对客观事物的背离。也许从审计发展的最初阶段来看，它还适用，但是，从一个较长的时期来看，随着经济环境的变化，审计行业自身必将受到不利的影响。而内部控制的发展过程恰恰就证明了这一点。我们要看到：内部控制正在逐渐突破审计行业或专业的限制，开始向企业管理和企业治理拓展，形成广义内部控制的发展趋势。而且，在新的经济环境下，随着管理和审计的创新发展，内部控制的发展必将经历一个新的飞跃。

第八章　内部控制的理论框架

实践证明，基于环境现状构建内部控制机制是一种被动性的做法，因此，在构建内部控制理论时必须充分考虑环境的变化和发展。由于经济环境发生了很大的变化，管理和会计服务本身对内部控制理论提出了新的挑战，重新构建内部控制理论成为大势所趋。

第一节　社会经济环境的变化对传统内部控制的挑战

从整体上来看，目前的内部控制理论已不太适应新的经济环境，因为其范围狭窄，内容简单，不能从系统整体的角度考虑问题；控制对象主要是有形物质资源，只注重企业的实物支持系统，较少关注企业独特的知识与技能、管理体制与员工价值观念对企业竞争能力乃至核心能力培植和提升的影响；控制方式和手段原始、单一，不适合知识经济条件下对知识资源的控制。理论的发展水平总是与一定的社会经济发展水平相联系的，当社会经济环境发生了变化时，理论也必将发生变化，内部控制理论也不例外。

管理理论和实践的发展既对内部控制提出了新的挑战，又为内部控制的发展提供了新的机遇。企业的规模越来越大，经营从小规模、单一化、地域化向集团化、多元化、国际化发展。企业面临的各种问题，如产权问题、组织问题、流程问题、法律问题等越来越复杂，所需的各种专业服务也越来越多。如何从整体的角度来协调各种资源的有效使用，实现企业的目标，成为企业日益关注的问题。企业发展的这种趋势促使它们重新审视对各种资源的管理和控制，重新建立对各种资源的管理和控制措施，包括对物质资源、知识资源的控制。其中，高层管理者作为人力资源中最重要的一部分，在企业的生产经营中发挥着越来越重要的作用，对他们的控制和激励越来越成为企业控制的关键问题。而且，外部控制——市场、立法和执法体制对企业治理控制中的不确定性的约束日益乏力，不能对企业中的问题进行有效的解决，所以，人们都寄希望于内部控制。同时，以人为本的管理、组织结构的柔性化、管理信息化、知识管理等创新化的出现，也为内部控制的发展提供了条件，使其能够吸收新的理论成果，借助新的管理手段和方法，进一步丰富自己的理论和实践。

会计服务业务的发展也迫切需要拓展和重构内部控制理论，以满足理论研究和实务的需要。会计服务业务范围的扩大急需理论的大力支持和指导，而原有的内部控制理论由于范围狭小，已不适应理论和实践的需要，迫切需要进行更新。在这种新的经济环境下，在管理和会计、审计业务不断发展的情况下，内部控制需要从理论上有所突破，打破其原有理论的狭隘性；需要从企业这个经济系统的整体出发，拓展内部控制研究的范围，充分借鉴经济学、管理学、控制论、信息论的最新发展成果，系统、全面、有效地构筑企业内部控制系统。内部控制如果还仅仅作为保护财物完整性的一种保护制度存在，不但不能适应企业管理的需要，而且会引起内部控制评价的片面性，导致审计风险的增加，其存在的理论价值也会大大降低。为了适应经济环境的新变化，把内部控制建设成一个有效的控制系统，就必须扩展内部控制的内容，转变控制的重点，从控制物质资源转向控制知识资源，从对外保证型转向管理服务型，从低层次的制度、程序、环节控制转向系统整体的有机控制。

随着社会经济环境的变化，内部控制理论不断拓展，向更高、更深的层次发展成为一种必然趋势。尽管审计角度的内部控制和管理角度的内部控制因为双方目标的不一致，而有所差别。但是，随着企业管理自身的需要和会计服务范围的扩大，内部控制开始向管理靠拢，成为"管理的工具"。笔者认为，随着社会经济环境的变化和发展，从不同角度对内部控制的理解有一种趋同的趋势，相信最终会形成一个较为系统的、宽泛的、各方可以研究和探讨的内部控制"通用平台"。

第二节　研究企业内部控制的前提假设

研究企业的内部控制必须明确企业、企业中的人、企业环境的本质和特性。

一、企业的本质

企业是企业内部控制的载体和作用范围，研究企业内部控制必须明确企业的本质。

（一）企业是一个有机组成的系统

从表面上来看，企业通常由生产部门、管理部门、采购部门、销售部门、财务部门等组成，各部门内部以及各部门之间通过一定的业务流程进行各自的活动，维系着它们之间的有机联系，其整体效果就是形成一个系统，构成企业的整体。

从生产要素的角度来看，企业是一个由诸多生产要素有机构成的系统，各生产要素之间相互影响，相互作用，相互制约。要素结合为系统，系统作为有机联系的整体，就获得了各个组成部分没有的新的特性，而这种新的特性是要素、系统整体和外部环境相互作用的结果。比如，人的劳动、生产原料、机器设备、厂房、土地等。

（二）企业是一个契约的集合

从契约经济学的角度来看，企业是一系列契约（合同）的组合，是个人之间交易产权的一种方式。货币资本所有者、人力资本所有者等各方主体通过正式契约或非正式契约结合在一起，都承诺贡献资源并期望从这种产权的交易中取得报酬，个体对自身利益的追求既会减少冲突，也会减少合作。契约关系是企业的本质，企业完全是一种法律假设，是一组个人契约关系的一个连接。这些契约相互交织在一起，彼此联系、彼此制约、彼此影响，构成一个契约的集合。

（三）企业是对市场的一种替代

有组织、有规模的正式企业并不是一开始就天然生成的，而是随着市场发展而逐渐出现的。在社会经济中，首先出现的是市场，随后才出现企业这种组织形式。市场和企业在本质上是相同的，都是对交易的一种组织。同时，由于契约是不完备的，就产生了交易成本。在市场和企业这种交易的组织形式下，交易成本是不同的。一般认为，通过企业这种交易的组织形式，一方面可以降低交易成本，另一方面可以实现某些外部性问题的内部化，从而，企业作为市场的一种替代物就出现了。

交易组织的形式取决于各种不同组织形式下交易成本的高低。最广泛意义上的交易成本包括那些不可能存在于一个克鲁梭·鲁滨逊（一个人）经济中的所有成本，这种定义是必要的，因为在联合生产的情况下，不同类型的交易成本通常只有在边际上才能区分开来。它们不仅包括那些签约成本和谈判成本，也包括度量和界定产权的成本、用契约约束权力斗争的成本、监督绩效的成本、进行组织活动的成本。在经济发展的最初阶段，信息技术不发达，自发的单个个体在市场中进行交易，其交易成本相对较高，由于交易成本在短期内难以实现大幅度的降低，企业作为交易的另一种组织形式，因其交易成本与市场条件下的交易成本相比较低，而对市场实现了一定程度的替代，即市场和企业的边界取决于交易成本的相对高低，如果通过企业把市场交易下的一些问题内部化，从而降低了交易成本，那么企业代替市场就是有效的。但是，随着信息技术的发展，这种趋势发生了变化，信息是组织保持活力的源泉，因为信息能够在结构、技术和创新等方面提供决策依据，是连接供应商和顾客的生命线。信息技术对交易的组织形式产生了巨大冲击，它直接影响到交易成本的高低。信息技术越发达，提供信息的数量和质量就会越高，就可以减少不确定性，降低信息的不对称程度，从而交易成本就越低，或者说信息技术决定了交易成本很大的一部分内容。所以，随着信息技术的发展，交易处理系统（TPS）、管理信息系统（MIS）、执行信息系统（FIS）、决策支持系统（DSS）、局域网（LAN）、广域网（WAN）、Intranet、Internet 等技术不断地在发展和完善，在新的信息技术条件下，以往市场条件下难以降低的交易成本得到了降低，而相对地，企业的内部管理成本也居高不下，或者说在企业这种交易的组织形式下，交易成本反而变得相对较高，因此，很多企业进行了结构重组和流程再造，一些生产活动重新以市场交易的形式进行，或者在企业内部采用市场的交易形式。比较典型的如虚拟团队通过计算机技术把地理上分散的团队成员联系起来，去为实现共同的目标而工作，网络组织活动由总部执行，其他职能则外包给以电子方式与总部联系的独立的公司或个人，从而实现了市场对企业的替代。

二、人的特性

（一）有限理性

有限理性，即人们只有有限的获取和处理信息的能力。正如西蒙所说的，"愿望合理，但只能有限地做到"，但有限理性并不意味着非理性。

（二）效用最大化

效用最大化，即人们总是在一定约束条件下最大化自己的效用。

（三）机会主义

机会主义，即人们具有一种狡诈的自私自利的倾向，行为主体在交易活动中不仅追逐自利的目标，而且在追逐自利目标的同时使用策略性行为，这些策略性行为包括隐瞒真实信息、交易意图的不实陈述和欺诈等。机会主义作为一种潜在的行为倾向，只要在条件具备的情况下，就会转化为现实的行为。

三、企业环境的特性

（一）不确定性

企业面临的外部环境和自身的内部环境是不确定的，具有很强的随机性和变动性，因而，任何决策和条件都具有一定程度的不确定性。

（二）信息不对称

所谓信息不对称是指这样一种情况，缔约当事人一方知道而另一方不知道，甚至第三方也无法验证，即使能够验证，也需要花费很大物力、财力和精力，在经济上是不划算的。

非对称信息可分为两类。一类是外生的非对称信息，是指自然状态具有的一种特征、性质和分布状况，这不是由交易人造成的，而是客观事物本来具有的；在契约经济学中，自然状态是指随机事件，它是"自然"的外生选择，而不是经济行为者的内生选择。另一类是内生的非对称信息，它是指在契约签订以后，其他人无法观察到的、事后也无法推测的行为。内生的非对称信息又可以分为两类。一类是隐藏行动或隐藏行为，即非对称信息的发生可能是由于当事人的行动只被他自己知道，或只被一个契约中所有的签约人知道，而为局外人所不能观察到。另一类是隐藏信息或隐藏知识，即信息分布是不平衡的，签约一方对他本人的知识（个人特征）很清楚，而其他人对此不知道或知之甚少，或者可能影响契约的自然状态的知识只被某个人知道而另外的人不知道。

第三节　企业内部控制的研究基点

在企业中，常常存在两类问题：一类是经常发生的、可迅速地、直接地影响组织日常经营活动的"急性问题"，另一类是长期存在的、会影响组织素质的"慢性问题"。解决急性问题，多是为了维持现状；而要打破现状，就必须解决慢性问题。在各级组织中，大量存在的是慢性问题，但人们往往只注意解决急性问题而忽视解决慢性问题。因为慢性问题是在长期活动中逐渐形成的，产生的原因复杂多样。人们对于其存在已经"习以为常"，以至于适应了它的水平，不可能发现或者即使已经发现也不愿意承认和解决慢性问题对企业素质的影响。

所以，传统内部控制理论的目标和内容都集中在如何防弊上，而这从企业生产经营发展的角度来说是不够的。在竞争激烈的市场经济条件下，企业的生产绝对不可能是为了维持现状，而是为了适应瞬息万变的市场，生产规模必然随着外部环境的变化而扩大或收缩。传统的内部控制的管理对象还仅仅停留在对物质资源的管理上，控制内容还停留在保护物质资源的安全上，对人力资源的重视程度还远远不够。随着人力资源的重要性逐渐被企业认识到，内部控制的范围和内容也逐渐扩大与发展。维系经营型企业存在的支柱是企业要盈利、要发展，而要使企业这个系统协调、有序、高效地运作，必须进行控制。"制"的目的在于保持其系统性和凝聚力；"控"是为了发展，是为了突破现状，企业的发展是在维持和进取中取得的。所以，"内部控制"的含义不应当仅仅限于内部的"约束、限制"。

所以，我们必须意识到，内部控制从本质上来说是为企业的利益服务的，应当是企业中的一种客观存在，而审计行业对它的利用只建立在它客观存在的基础上才有意义。内部控制的建设是由企业自身来进行的，也是由企业来执行的，所以，内部控制理论的研究必须从企业的角度出发，充分考虑企业的经济利益目标。只有这样，内部控制理论的研究才是从客观实际出发的，才能与企业的实践相吻合，真正起到指导实践的作用。如果脱离这个基点，就很难保证它的实施存在有效的动力机制。内部控制应当为企业的整体目标服务，不能仅仅限于防弊，更重要的在于促进和激励，这就必须突破传统内部控制理论"单纯控制"的概念，或者说必须实现由"消极控制"向"积极控制"的转变。

第四节　控制的含义和管理的控制职能

关于"控制"的含义，《高级汉语大辞典》认为，"控，引也。——《说文》"，"制"就是"约束、限定、管束"，"控制"就是"掌握住对象不使任意活动或超出范围；或使其按控制者的意愿活动"。在传统意义上，我们对"控制"的理解更多地强调了"制"，即"约束、限定、管束"，掌握住对象不使任意活动或超出范围。然而，"控"的含义更重要，即"引"，使其按照控制者的意愿活动。"制"只是单纯、消极的约束和限制，而"控"则已经突破了单纯约束限制的概念，更强调了引导、推动的含义。企业好比斜坡上的球体，向下滑落是它的本性，要想使它往上移动，需要两个作用力：一个是止动力，保证它不向下滑，这好比"制"；另一个是拉动力，促使它往上移动，这好比"控"，两个力缺一不可。"制"最多可以使之保持原样，却不能使之发展、前进，而"控"则可以使之发展、前进，同时也就止住了它下滑的力。无论是亨利·法约尔的计划、组织、指挥、协调和控制的五职能论，还是哈罗德·孔茨和西里尔·奥唐奈的计划、组织、人事、领导和控制的五职能论，以及今日流行的计划、组织、领导和控制的四职能论中，"控制"都占有一席之地。斯蒂芬·P.罗宾斯把管理的控制职能定义为"监控各项活动以确保它们按计划进行并纠正各种重要偏差的过程"，并将其分为三个步骤：衡量实际绩效，将实际绩效与标准进行比较，采取管理行动来纠正偏差或不适当的行为。在现代管理活动中，无论采用哪种方法来进行控制，要达到的第一个目的（也就是控制工作的基本目的）都是要"维持现状"，在变化着的内外环境中，通过控制工作，随时将计划的执行结果与标准进行比较，若发现计划内容的偏差，则及时采取必要的纠正措施，以使系统的活动趋于相对稳定，实现组织的目标。控制工作要达到的第二个目的是"打破现状"。在某些情况下，变化的内外部环境会对组织提出新的要求。主管人员因对现状不满，而要改革，要创新，要开拓局面。这时，就势必打破现状，即修改已定的计划，确定新的实现目标和管理控制标准，使之更先进、更合理。管理活动无始无终，一方面要使系统的活动维持在某一平衡点；另一方面要使系统的活动在原平衡点的基础上，实现螺旋形上升。

第五节　控制的策略与模式

企业的高层管理者和中层管理者可以在三种基本控制方法中进行选择：市场机制、官僚机构和小团队协作。

一、市场机制

市场机制源于企业利用竞争性价格来评价企业的产出和生产效率。采用市场机制不仅要求企业的产出必须足够清晰，能用价格明确表示出来，还要求存在竞争。没有竞争，价格就不能精确地反映企业内部的效率。市场机制既可以应用于整个组织的层次，也可以应用于产品分部。一些公司甚至要求内部各个部门之间以市场价格进行交易，在它们之间购买和销售产品及服务的价格同与外部公司交易的价格是一样的。为了使市场机制发挥作用，内部单位也有购买外部公司产品或向外部销售的选择权。只有当公司、分部或部门的产出可以表示成货币形式并存在竞争时，才能使用市场机制。

二、官僚机构

官僚机构是利用规则、政策、权威层级、书面文件、标准和其他官僚机制来达到行为的标准化并进行绩效评价，其首要目的是标准化和对员工行为的控制。管理控制系统被广泛地定义为使用信息来保持和改变组织行为模式的惯例、报告与程序。大多数组织在很大程度上依赖财务会计手段，并将其作为衡量组织绩效的基础，但在今天这样一个竞争性和快速变化的环境中，公司的管理者意识到了，企业需要以一个财务手段和经营手段相平衡的观点来成功地进行组织控制，一般来说，它主要包括四个要素：预算、定期的非财务统计报告、薪酬系统和标准操作程序。

三、小团队协作

小团队协作是运用诸如公司文化、共享价值观、承诺、传统、信仰等社会特征来控制行为。使用小团队协作的企业需要共享的价值观和员工之间的相互信任。当企业中问题的模糊性和不确定性都很高时，采取小团队协作控制是重要的，因为高的不确定性意味着企业不能用价格衡量其服务，事物发展变化得很快以至于规章制度不能用来约束每一个行为。小团队协作多用于小型的、非正式的或有着较强文化的组织。计算机网络的进一步应用（这种应用可能导致在整个组织范围内的信息民主化）可能会迫使许多公司减少对于官僚机构的依赖，而更多地依靠指导个人行为符合公司利益的共享价值观。

建立在严格的规则和密切的监督之上的传统控制机制，在高度不确定性和快速变化的情况下对行为的控制是无效的，那些转向分权化、扁平化组织、网络结构和员工参与等新管理模式的公司通常选择小团队协作或自我控制。

相对于小团队协作是一种被社会化到一个群体中去的方法而言，自我控制系统则来源于个人的价值观、目标和标准。企业试图把员工个人内在的价值和创作偏好归纳到符合组织的价值观与目标上去。通过自我控制，员工通常自己设定目标并自我监督绩效。

第六节　内部控制内涵的拓展

根据系统论的观点，系统是普遍存在的，只要由两个以上的要素（元素、部分或环节）组成，要素和要素、要素和整体、整体和环境之间存在着相互作用与相互联系且具有确定的功能，就构成了一个具体的系统。整个自然界，从微观粒子到宏观天体，从无机界到有机界，从原生物到人类个体，都是由特定要素组成的，是具有一定层次和结构并与环境发生关系的系统。企业也不例外，从企业的外部来看，企业就是一个经济系统，系统中的每一部分都发挥着自己的作用，管理者、一般人、财、物等相互影响、相互联系，彼此紧密地结合在一起。

基于上述的讨论，笔者从另一角度来解释内部控制：企业是一个系统，它的运作需要以一个有效的内在控制系统为研究起点，并从加强企业资源的有效管理、提高企业效率和效益的角度来认识内部控制。企业是一个为了达到一定目的，由许多相互关联的要素（各种子系统或分系统）组成，并依靠各个要素之间的相互联系、相互作用而有机结合在一起的复杂的耦合运行的人造经济系统。我们有必要对企业的经营活动及其过程实施控制，实现科学有效的管理，通过协调、资源配置、激励和绩效衡量将各个员工分散的努力团结起来，以提高企业的经济效益。这也要求我们在研究这个系统的控制时，必须把它视为多因素、多变量的有机整体，依据各要案或子系统对系统整体的作用程度，结合外部环境对系统的作用，选择最佳方案去安排系统的各组成要素或子系统。所以，为了更加有效地对企业这个系统实施控制，我们根据与系统（企业）相联系的紧密程度、对系统功能影响的大小，把联系不太紧密、影响较小的因素作为环境，把联系紧密、影响较大的因素作为系统的要素。更进一步地根据控制机理的不同，把环境对企业系统的影响称为"外部控制"（主要是市场机制，主要包括产品市场、资本市场、劳动市场）；把企业系统要素之间为了达到系统目标的相互作用、相互制约称为"内部控制"（既包括与所有权相联系的企业治理控制，又包括与经营权相联系的企业管理控制）。对企业这个经济系统来说，内部控制应当是作为经济控制系统而存在的，因此，可以把内部控制视为为了实现企业的目标，由存在于企业内部的具有约束、指导、激励功能的机制、制度、程序、氛围等因素有机地组合在一起而形成的集合。单纯地把它归结为制度、方法、活动或工具，不能描述内部控制的实质，也不能满足企业管理的需要。如何协调、控制、激励每一部分，以实现企业的目标，是企业内部控制的目的所在，它应当是一种机制，一种控制系统。

根据系统的整体性原理和控制机制的差异，又可以把内部控制分为两个部分（或子系统）：企业治理控制和企业管理控制。控制的表现形式既可以是一种程序，如通过控制主体（比如管理者）对控制客体（比如人、物质资源、经营活动）的一种约束、指导；也可以是一种机制，如建立某种激励机制，使经营者的努力与其报酬紧密联系起来，从而激励经营者自动地去努力工作；还可以是一种氛围，如通过建立企业文化和企业道德来唤起员工的工作热忱。这既是管理控制理论对"人治"控制的一种突破，也是"控制"本身的含义随着社会经济环境的变化而发生变化的一种表现。

从实质上来看，企业和市场一样，都是交易的一种组织形式，不同的只是交易成本的大小。一般来说，当市场的交易成本相对于企业较高时，一些原来在市场进行的交易就会转入企业内部进行，从而出现所谓的企业替代市场；同样，如果企业的交易成本相对于市场较高时，一些原来在企业内部进行的交易就会转入市场进行，从而出现所谓的市场替代企业。这种替代性或交易成本的差异主要是因为市场控制和企业内部控制的效率不同。如果内部控制的效率比市场控制的效率高，则企业内的交易成本要低于市场，此时交易在企业内进行是有利的，反之亦然。从这个意义上讲，企业内部控制与市场机制是以市场和企业的界限为分界线的两种对等的控制模式或手段。但是，企业则是一个不完备的契约，当不同类型的财产所有者（企业所有人是一种特殊财产的所有者）作为参与人组成企业时，每个参与人在什么情况下干什么、得到什么，并没有明确的说明。所以，企业内部控制系统只有在对这些资源进行了有效的控制，存在相对效率的时候，才会体现出企业相对于市场的优势，企业才有存在的必要。企业内部控制的效率决定着企业内的交易成本，决定着企业和市场之间的替代关系，从而决定着企业和市场的界限。所以，只有在企业内部存在一个有效的控制机制，来弥补企业契约的不完备性，保证企业的正常运作和发展时，才会有企业的存在和发展。这既是企业内部控制存在的理由，也是它的本质所在，它应当兼具制度、系统和控制机制等多重含义。

所以，笔者拓展后的内部控制是一个广义概念，它涵盖了整个企业的范围，既包括传统意义上的管理控制，又包括企业治理层面的控制以及企业文化等内容。对内部控制的含义在已有发展成果的基础上进行拓展，进行更系统、更广泛和更一般的解释，既是经济环境变化对内部控制的客观要求，也是内部控制理论自身发展的必然结果。尽管它与传统的解释和一般的看法存在一定差异，但是也存在着紧密的联系，是对它们的继承和发扬。

第七节　内部控制的三个口径

一、内部控制的需求差异与分歧

在对内部控制理论做上述拓展之后，我们还注意到这样一个问题：内部控制理论尽管经过了很长时间的发展，但是各方由于利益和目的的不同，出现了在理解上的差异和概念上的混乱，没有形成一个统一的认识。COSO 框架的提出是一种解决方法，但并不理想。为了既能适应新的经济环境，对内部控制理论进行拓展，又能满足各方的需要，笔者认为可以考虑把内部控制划分为三个口径，分别构建各自的理论体系，以促进内部控制理论研究的深入发展。

内部控制理论与实践的产生和发展已有很长一段历史，从最初的内部牵制，发展为内部控制制度，到后来的内部控制结构，再到今天开始被人们逐渐接受的 COSO 内部控制整体框架，可以从总体上分为四个阶段。然而，研究这段历史的发展，就会发现，内部控制的理论研究和实践始终在一个混沌的状态中进行。尽管内部控制的研究对审计的发展起到了很大的推动作用是一个不容置疑的事实，但是我们也要看到其中存在的一些不容回避的问题和矛盾：参与内部控制研究的主要是审计组织和审计人员，但是只有通过企业管理人员的实际执行才能有效；内部控制的一些论点和提法主要是从审计专业或行业的角度提出的，但是只有应用于企业的经营管理才会发挥作用；管理人员对审计人员关于内部控制的提法不甚满意，认为"将美玉击成了碎片"。而且，企业上层建筑的制衡，高层管理者的约束、激励等问题日益重要，而我们的内部控制理论和实践却很少探讨这些问题，还停留在人员牵制等有形的控制上面。

理论的研究总是源于一定的需求，从总体上来说，内部控制理论的需求主要分为以下五个方面。

（一）审计人员

审计人员是内部控制理论研究的发起者，也是该理论发展至今最大的使用者。他们主要是为了提高审计的效率，降低审计的成本，从企业的内部控制中抽出与财务报表审计有关的部分，形成自己的概念。所以，严格来说，审计角度的内部控制不能代表内部控制的全部。

（二）企业管理人员

企业管理人员需要一整套有效控制所辖资源的机制，以有效地使用企业的各种资源，实现企业的目标。他们尽管不是该理论的最先提出者，却是内部控制的最高应用者和实际执行者。

（三）外部监管者

外部监管者希望通过内部控制使企业遵守有关的法律法规，维护社会投资者和国家的利益，保持良好的市场秩序。

（四）投资者和潜在的投资者

所有权和经营权的分离、职业经理人的出现，使得实际的投资者"沦落"到了"出资者"的地步。他们对企业经营管理的直接关注越来越少，了解的具体经营情况也越来越少，更多的是面对年度和半年度的财务数据，他们希望在企业内部有一套能够保护他们利益的机制。潜在的投资者也希望通过了解企业的内部控制来分析企业管理水平的高低、风险控制能力的大小，以估计投资风险的大小，从而做出自己的投资决策。

（五）其他

随着社会经济环境的变化，越来越多的利益相关者不再仅仅关注企业的财务报表，而是更多地关注企业的经营运作，他们也就自然产生了对内部控制理论的需求，比如，供应商、债权人等。

通过上述的分析，我们能够发现相关各方对内部控制的要求、使用存在很大不同，从而引发他们对内部控制的理解在含义、目标、内容上存在很大差异。产生这种差异的根本原因在于他们的利益和目的是不一致的，利益的不一致导致了要求上的不一致，进一步产生了对内部控制理论规定性上的差异。这种理解上的差异在内部控制理论的研究上，以及企业内部控制的构建实务中都不可避免地引起了混乱。能否有效地解决这个问题，关系到内部控制理论的进一步发展和企业内部控制的建立、健全与完善。

COSO 整体框架的提出可以说首先进行了解决这一问题的实践。1992 年，COSO

委员会在报告《内部控制——整体框架》中指出，"内部控制是受董事会、管理当局和其他职员的影响，旨在取得经营效果和效率、财务报告的可靠性、遵循相关的法律法规等目标而提供合理保证的一种过程"。后来，在 COSO 报告第二卷"对外部关系人报告"的修正说明中，又将"保障资产安全"作为一类新的内部控制目标加以定义。对 COSO 框架的提出可以视为一种解决途径：制定一个各方都能接受的理论框架。然而，其结果并不尽如人意，由于各方利益上的不一致，各方很难在理论上取得完全一致。所以，得出的这个理论框架往往是各方势力均衡后，对各方理论观点综合的结果，或者说只是由过去隐性的不一致变成了放在一起的显性的不一致。各方在探讨内部控制时，还是"各抒己见"（其目标体系的多样性充分说明了这一点），没有达到形成这个框架的原定目的。由于各方的利益和目的不一致，不能在理论上达成共识，这是必然的，也是正常的。对于内部控制，为了各方既能顺利地在理论上进行沟通，又能按照各自的目的和要求进行研究与实际操作，在构筑一个大"沟通平台"（如 COSO 框架）的同时，是否可以考虑分别从不同的角度按照不同的目的和要求构筑不同的小"平台"，分别提出相应的理论体系以适应各方不同的需求呢？

笔者认为，可以根据研究范围、研究目的、研究方法的差异，把内部控制划分为三个口径。内部控制实践最初的出现是企业自发的一种管理行为和方式，只是后来审计人员从自身的业务需要出发，正式提出了这个概念，并不断地从审计的角度进行完善。他们站在企业的外部，关注的范围主要是与财务报表有关的会计控制。管理人员关注的角度与审计人员是不一样的，他们关注的是如何有效地管理和控制企业的经营活动与占有的各种资源。他们处于企业的内部，他们对内部控制的理解在范围上要大于审计人员的范围，在内容上要广阔得多，不但包括会计控制，还包括管理控制。外部监管者以及企业的现有投资者和潜在投资者从企业外部关注的是整个企业的运行状况，不但包括了会计控制、管理控制的内容，还包括了上层的治理控制等内容。他们从企业整体系统的角度来关注企业的发展，关注企业的成长，因为这些问题都会影响企业的运行，影响企业目标的实现，都会对投资者的利益构成威胁。而我们在讨论企业内部控制系统的构建时，也需要从整体系统的角度考虑，这样才能使构建的内部控制系统更有效、更合理。

二、内部控制的三个口径

（一）小口径内部控制——从财务审计角度出发

注册会计师审计可以追溯到 16 世纪的意大利，但当时的审计方法还是详查法，后来发展到抽样法。到了 19 世纪末，审计人员在改进审计方法的探索中，才逐渐认识到内部控制在审计业务中的重要性。他们从财务审计的实际需要出发，把内部控制从企业管理活动中抽象出来，赋予新的含义，并从实践上升为理论，初步形成了小口径内部控制的概念。美国会计师协会 1936 年在《独立注册会计师对财务报表的审查》中，首次以书面形式提出审计师在制定审计程序时，应审查企业的内部牵制和控制，并且把内部控制定义为"为保护公司现金和其他资产，检查簿记事务的准确性，而在公司内部采用的手段和方法"。

审计人员关注内部控制只是因为研究和评价被审计单位的内部控制有利于合理地确定审计测试的范围与审计程序，提高审计效率，节约审计成本；也可以均衡审计业务的工作量，避免审计业务过多地集中在年终。他们对内部控制的研究和认识自然而然地就局限在与财务报表审计有关的内容，而财务报表审计目标就目前来看不过是对财务报表的合法性、公允性、一贯性发表意见，所以对与财务报表审计关系不大的其他内容关注较少。1949 年，美国会计师协会所属审计程序委员会在其名为《内部控制：协调制度的要素及其对管理和独立公共会计师的重要性》的专门报告中，给出了一个内容广泛、比较权威的、令经理人比较满意的定义。但是，基于审计实务的需要，还是进一步地将内部控制分解为会计控制和管理控制，规定审计人员只需要对会计控制的评价负责，可以不考虑管理控制。所以，从财务审计角度来看，内部控制只是一个与财务报表审计有关，或者说与审计业务有关的范围，希望关注更大范围的内容不可能，也不现实。正如我国《独立审计准则第 9 号——内部控制与审计风险》定义的那样，"内部控制是指被审计单位为了保证业务活动的有效进行，保证资产的安全和完整，防止、发现、纠正错误与舞弊，保证会计资料的真实、合法、完整而制定的政策与措施"。内部控制理论研究目的的不同，导致了对其范围、内容认识的差异，这是不可避免的。

审计角度的内部控制满足了审计人员和审计业务的需要，同时也是企业内部控制建设的基本要求，因为它往往与政府监管机构规定的要求相似，比如，美国的《反国外贿赂法》、我国的会计法等都提出了建立内部控制的类似要求。从企业方面来看，主要是通过适当的业务权限设置和授权、准确的会计记录、及时的实物盘点以及公允的报告等程序和方法，保证企业经营和财务状况信息的可靠性，保障投资人财产安全，这一层的内部控制制度是最具体、最基本的控制。

（二）中口径内部控制——从企业管理角度出发

从企业管理人员的角度来看内部控制，其内容就广泛得多。比较有代表意义的是，美国会计师协会所属审计程序委员会在其 1949 年的专门报告中给出的内部控制定义。这个定义内容广泛，不局限于与会计和财务部门直接有关的控制方面，还包括预算控制、成本控制、定期报告、统计分析、培训计划和内部审计等，以及属于其他领域的经营活动，从而赢得了广大经理人的赞成。但是好景不长，在把内部控制分为会计控制和管理控制之后，就"将美玉击成了碎片"，再也没有出现一个对管理人员有用、为管理人员所理解的内部控制的定义。但是，必须认识到内部控制的实践源远流长，可以追溯到公元前3000年的美索不达米亚文化时期，它是企业中的一种客观存在，并不是因为审计对它的利用才存在；从本质上来说，它是为企业的利益而服务的，而审计业务对它的利用只有建立在它客观存在的基础上才有意义。而且，内部控制的建设是由企业自身来进行的，也是由企业来执行的。所以，从管理层角度来看的内部控制要比从审计角度来看的内部控制在内容和范围上广泛得多，二者不大可能达成一致。

所以，审计角度的内部控制只是管理角度内部控制的一部分，只是基于目的的不同，才存在范围和内容上的差异。企业管理层所要建立的内部控制主要是通过检查和改进有关管理政策与程序来有效控制企业运行，不断提高企业的经营效率和效益，实现投资人投入资本的保值增值，从而解脱代理人的受托责任。企业管理层的内部控制是对企业的直接控制，它直接对企业生产经营中的各种资源（包括物质资源和知识资源）进行监督和控制，直接影响到企业的效益和效果，直接影响到企业目标的实现。这一层的内部控制制度是最有直接效果的控制，它直接关系着代理人履行受托责任的成败。

（三）大口径内部控制——从企业系统整体的角度出发

对企业内部控制进行进一步的拓展，从企业系统整体的角度来定义内部控制，就是笔者对内部控制理论从系统论和经济学角度进行拓展后的含义，它的内容和范围就又比中口径的内部控制扩大了许多。它不但涉及企业生产经营活动的控制，还涉及直接影响经营效率的企业所有权的控制问题，即对剩余索取权和剩余控制权的分配问题。因为企业所有权的控制问题将直接决定着企业的上层治理控制，直接影响着企业的效率，所以大口径内部控制除了包括上面谈到的中口径的内部控制外，还应当包括企业的上层治理控制，即通过企业所有权的适当分配，建立适当的"委托—代理"契约关系，保证企业投资人的利益能够得到企业内部代理人的有效维护。这一层次的内容是企业最根本的控制，是为投资人服务的，是各方投资人实现对企业控制的有效工具，它驾驭着管理控制。由于上层的企业治理控制往往与企业的长期利益和长远发展相联系，相对来说更加重要，如果上层的控制不恰当，那将直接影响到管理控制的效果和效率。正如我国的现实所示，上层企业治理控制的不完善最终导致了下层企业管理控制的低效和薄弱，引发企业的低效率和亏损。企业治理控制和企业管理控制都是一个企业正常运作与发展不可缺少的控制机制，无论哪一个方面出现问题，企业的目标都很难实现，二者是不可分割的。COSO框架的五个组成要素中，第一个就是控制环境，其中就包括了上层治理控制的内容，但遗憾的是，它是作为环境出现的，而没有融合为内部控制的一个有机组成部分。所以，笔者认为从企业系统整体的角度来看，大口径的内部控制应当包括四个部分：企业治理控制，企业管理控制，管理信息系统，企业文化。

三、划分内部控制口径与层次的意义

把内部控制划分为三个口径可以很好地解决理论和实践在现实中存在的混乱，使内部控制理论的研究各成体系，各负其责。笔者认为，将内部控制划分为三个口径可以产生以下两个方面的积极意义。

一是有利于内部控制理论研究的深化。三个口径的划分只是基于目的、范围和使用上的差异，并不存在绝对的本质上的不同。三个口径之间又存在着非常密切的联系，大口径的内部控制范围最大，是从系统的角度来考虑的，中口径和小口径的内部控制是它特定的部分。在将内部控制划分为三个口径后，理论研究和实务界的各层次人士都可以根据自己的需要，分别从三个口径深化对内部控制的研究，构建适合各自实际需要的内部控制体系，而不必都统一在一个通用框架下进行研究，避免了术语和概念上的混乱。

二是有利于内部控制实践的发展。内部控制的三个口径可以被视为内部控制建设的三个阶段。企业在构建内部控制体系时，可以首先考虑小口径的内部控制是否已经建立健全，如果其已经建立健全，再考虑中口径内部控制的建设。如果中口径内部控制的建设比较完备，就可以考虑从大口径内部控制的角度来评价和分析企业的内部控制体系是否有效、合理；把三个口径的内部控制建设作为企业建立健全内部控制的一个长期战略，分步骤、分阶段地从低层向高层、从点到面逐步完善；在每一个阶段的建设中，都需要从企业整体的角度来考察企业内部控制的有效性和合理性。

第八节 内部控制的目标体系

一、内部控制的目标

目标是指"想要达到的境地或标准"，内部控制的目标就是内部控制所要达到的境地或标准。对于内部控制的目标往往有不同理解，一般都反映在内部控制的定义中。除了前文提及的会计或审计组织提出的内部控制定义外，许多有名的学者在其著述中也提出了内部控制的目标。R.J. 安德森在《外部审计》一书中，认为内部控制目标包括：保护资产，保证会计记录的可靠性，及时提供可靠的财务信息，盈利和尽量减少不必要的费用，避免异常风险，预防或查明错误和不正当行为，履行法律责任。《蒙氏审计学》提出了五个内部控制目标：完整性、真实性、准确性、一贯性、实物安全性。

在安仁斯（Arens）和洛贝克（Loebbecke）合著的《审计学》中，提出了内部控制的七个目标，涉及经济业务及其记录的真实性、业务授权、完整性、正确计价、正确分类、及时记录、相应登记和加总。我国的《独立审计具体准则第9号——内部控制与审计风险》指出，相关内部控制一般应当实现以下目标：保证业务活动按照适当的授权进行；保证所有的交易和事项以正确的金额，在恰当的会计期间及时记录于适当的账户，使会计报表的编制符合会计准则的相关要求；保证对资产和记录的接触、处理均经过适当的授权；保证账面资产与实存资产的定期核对相符。

上述内部控制目标基本上也是从审计角度提出的。在前文中，我们通过对不同时期内部控制的比较研究，发现内部控制的目标呈多元化发展趋势，由最初的仅包括企业利益的单一目标逐渐转变为融入了多个相关利益主体的目标。所以，从企业管理者或者从企业系统整体来看，内部控制的目标不但包括会计信息的准确、真实、完整和资产的有效保护，而且包括经济业务的正常运作、管理方针的顺利实现，概括起来就是提高企业的经营效率和经济效益。

二、内部控制目标体系的作用机制

关于内部控制的目标，美国注册会计师David M.Willis和Susan S.Ligh博士进行了实证研究，他们对General Electric等78家公司的管理者进行了调查。

根据这个调查结果，我们发现理论上的目标体系和公司管理层认可的目标体系并不一致，存在很大的差异。"验证财务报告的可靠性""保护资产安全""促使业务运营与管理政策的一致性""提升道德品行"基本上是从企业经营管理的角度出发的，或者说很大程度上体现的是COSO框架的第一类目标，而对第二类、第三类目标体现得很少，或者说他们没有认为内部控制应当达到这些目标。之所以产生这种差异，笔者认为主要原因在于被调查者是企业的经营者，他们习惯于从自己的角度给出内部控制的目标，他们更多的是考虑对所辖资源（知识资源和物质资源）的控制问题，而对如何控制自己这一阶层，他们没有兴趣（谁也不愿意自己受到制约）。正如刚刚过世的诺贝尔奖获得者赫伯特·西蒙曾经指出的那样，人对一个问题的看法是由其接触到的有关该问题的信息内容和强度决定的。

理论是对实践的理性认识，理论的基础是实践，但是，理论必须高于实践，才能服务实践、指导实践和预测实践。根据系统论的原理，系统的运行机制，它应发挥的功能以及输入、转换与输出的内容、程序和方法等都应当服从于系统的总目标，系统的所有构成要素都是为了实现总目标而起作用的。所以，内部控制作为企业这个经济系统的控制机制，其目标也必须服从于企业的整体目标。更进一步讲，内部控制存在于企业生产经营活动之中，是企业管理的一个重要组成部分，应当完全是企业的一种主动行为。或者说，只有在服从于企业的整体利益，企业能够从中获益（或者减少损失）时，这种机制才能有效地发挥作用。因此，笔者认为，只有从企业的整体利益出发，直接与企业整体相关的内部控制目标，才能使企业具备加强和改善内部控制的原动力。尽管我们不否认内部控制在形式和结果上能够服务于不同的利益主体，但是，从实际运作的效果来看，内部控制的目标体系中的核心目标应当是保持、提高经营的效率和效益，为实现企业的整体目标提供一种保护、促进机制。而其他目标从本质上来说与企业缺乏直接的利益制约机制，只有在企业外部环境或外部控制的作用下，使这些目标与企业内部控制的核心目标建立起某种直接联系，这些目标才可能真正成为内部控制实施中予以考虑的因素。

在一定的环境下，可以通过改变系统的内部状态，来调节或改变系统的行为，也可以通过改变环境对系统的输入来改变系统的行为。鉴于受益权和控制权的不一致可能导致的低效率，在实现核心目标以外的其他目标时，第一种途径不是最好的选择，一般选择第二种途径，也就是通过改变环境因素对企业的输入来造成对内部控制核心目标的影响，从而促使企业产生实现核心目标以外其他目标的原动力。比如，可以考虑通过健全相关的法律法规，实施严格的检查和对有关的违法事项进行严厉处罚，从而使企业产生一种潜在损失。如果内部控制不健全，出现了与其他目标有关的错弊，就可能面临重大损失，从而使其他目标的实现成为企业实现其整体核心目标的一种潜在要求。如果想避免这种损失，就必须加强内部控制。如果这些外部机制不存在，即使把这些目标规定为内部控制的目标，其效果恐怕也是很差的。

许多学者和研究机构都从不同角度提出了内部控制要达到的目标，但只是简单地进行了列示，并没有深入地探讨它们之间的关系，或者认为它们之间没有很重要的制约关系。但实际情况并非如此，这些目标之间存在有机的制约关系。随着相关利益者对企业的影响越来越大，内部控制的目标将会更加多元化，但是，只有使这些目标与核心目标具有某种相关性，在实施中才会真正实现这些目标。

第九章　企业内部控制的要素

内部控制可以分为五个部分：企业治理控制、企业管理控制、企业作业控制、企业文化和信息系统。每一部分都是内部控制系统的一个子系统，都是内部控制系统的一个有机组成要素。

第一节　企业治理控制

一、企业治理控制的内涵

对于公司治理（corporate governance），人们通常简单地理解为法人治理结构，也就是股东大会、董事会及监事会的权力安排，但这些理解是不完整的。简单地说，企业公司治理研究的是各国经济中的企业制度安排问题。这种制度安排，狭义上是指在企业的所有权和管理权分离的条件下，投资者与上市企业之间的利益分配和控制关系；广义上是指关于企业组织方式、控制机制、利益分配的所有法律、机构、文化和制度安排，其界定的不仅是企业与其所有者之间的关系，而且包括企业与所有相关利益集团（如雇员、顾客、供货商、所在社区等）之间的关系。这种制度安排决定了企业为谁服务，由谁控制，风险和收益如何在各利益集团之间分配等一系列问题。这种制度安排的合理与否是决定企业绩效的最重要因素，因此，笔者把这种制度安排中相互作用、相互制约的机制称为"企业治理控制"。

按照经济学的解释，公司治理本质上是一个企业所有权安排的契约。其核心命题是如何通过一个财产（人力资本和非人力资本）权利的契约安排实现剩余索取权和剩余控制权的对应分配，提高企业组织的决策效率。所以，在现代企业理论中，企业所有权安排无非是企业剩余索取权和剩余控制权安排的一个简化说法，而企业公司治理就是其具体化，即"一种法律、文化和制度性安排的有机整合"，这一整合决定企业"可以做什么，谁来控制它们，这种控制是如何进行的，它们从事的活动所产生的风险和回报是如何分配的"。当然，这里的企业所有权与通常意义上的财产所有权是不同的。企业所有权是指对企业的剩余索取权和剩余控制权，而财产所有权是指对给定财产的占有权、使用权、收益权和转让权。进一步说，企业治理控制的主要内容包括作为治理主体的利益相关者、作为治理客体（治理对象）的剩余索取权和剩余控制权，以及作为治理手段的特定程序和机构。显然，在剩余索取权安排被给定的情况下，企业治理的核心内容就是根据剩余索取权在所有利益相关者之间恰当地安排剩余控制权。根据科斯定理，只要交易成本为零，同时允许自由交易，产权的初始安排就对效率没有影响。然而，这种假设毕竟是一种难以实现的理想状态，交易成本的存在、信息的不对称、某些限制交易因素的存在都导致产权的初始安排影响了效率。按照效率的原则，只有在剩余索取权和剩余控制权对应的情况下，也就是按照剩余索取权来分配剩余控制权时，才能取得好的效率，所以，公司治理的核心问题归结起来就是剩余索取权的配置问题。其基本逻辑是，剩余索取权的配置—剩余控制权的配置—合理的企业治理控制—企业的效率，其基本的理论基础依然是"私人财富的控制功能"，通过收益的私人占有达到提高效率的目的。

剩余控制权要与剩余索取权相对应，只是基于效率角度的一种期望，考虑到各种交易成本的存在，利益相关者能否根据其索取权恰如其分地取得相应的控制权，是不确定的，由于这些因素的干扰，最优企业治理控制基本上只能是一种理论虚设。无论企业所有权如何安排，帕累托最优的状态一般是不可能达到的，有可能存在的企业治理控制是"次优"的，然而也是现实的。所以，剩余索取权的分配在许多情况下是基于财产所有权的，也就是拥有财产所有权的投资者在投资成立企业后，成为公司的股东，拥有企业的最高决策权，也就拥有了企业的所有权。剩余控制权按照投资比例进行分配，即所谓的"股权至上"模式，好多学者也正是基于这一点给公司治理下的定义。而且，在任何有形或无形的组织中，权力的最终分配都是相关当事人讨价还价的结果，并且每一当事人获得的利益份额由其谈判实力决定。

二、企业治理控制模式的比较研究

从世界上不同时期和不同国家的具体情况来看，企业治理控制可以分为七种模式。

（一）传统的"股权至上"模式

传统的"股权至上"模式的特点在于公司的利益就是股东的利益。尽管存在经理人员实际掌握经营管理权的现象，但由于股东拥有经理人员的选聘权力，可以认为两者的决策取向是内在一致的，即企业追求利润最大化也就等于追求股东的财产价值最大化。以英、美为例，在这些国家的企业股权分散，总经理持股较少。治理控制的运作依赖的是企业运作的高度透明和比较完善的立法与执法体制。其发达的会计和独立审计确保了企业所有的交易（以全面公开原则为基础）能以令人满意的方式被记录下来和披露出去。这从本质上提高了公司运作上的透明度，并与调查机构的执法功能相结合，增加了监察到管理腐败行为的机会，从而形成了一个能重罚那些有腐败行为的公司高级经理人员的法律体系。

（二）传统的"劳动控制型"模式

许多社会主义者和工联主义者一直认为，只有让劳动者自己控制企业，才会获得企业的最大效率。其中，最有代表性的是前南斯拉夫的工人自治企业制度，其特点是通过各种方式使企业的所有成员都成为企业的法定财产所有者，但这种所有权是一种集体所有权，如果某个工人要退出企业，就必须交出这部分权益。所有关于企业重大问题的决策都由工人自己掌握，工人可以组成一种类似董事会的管理委员会或自治委员会等组织，负责企业的决策工作，同时，委员会可聘任经理人员负责日常的经营管理工作。

（三）欧洲的"共同决定"模式

欧洲的"共同决定"模式的核心是工人参与决策。全体工人选出若干代表依法进入公司的决策机构（董事会和监事会），与所有者代表一起决定公司发展的重大事项。工人无须拥有实物资产，就可以在企业决策中表达自己的声音。

（四）日本的"经理协调"模式

日本公司的所有权比较集中，而且，大多数日本公司是由交叉拥有彼此股权的公司组成的财团。特定的文化背景及体制结构导致了日本企业独有的特征，一般被概括为终身雇佣制、年功序列制及企业间的相互持股制度。这些特征形成一种综合监督的体制：交叉持股产生了部分的纵向结合，减少了机会主义；若干个稳定的大股东的存在和参与决策使得回扣策略难以实施；而且高级经理一般为终身雇佣，缺乏外部高级经理人员市场，对舞弊的潜在处罚是十分严厉的。通过这些制度，雇员的利益与企业的利益紧密联系在了一起。由于相互持股，每个企业都对其他企业的经营行为有一定的影响力，而这种影响又是通过在位的经理人员来完成的。于是，企业的经理就可以形成自己的权力圈子，从而处于相对独立的地位。所以，日本的企业是一个合作博弈结构，其中，经理人员处于裁判的位置，站在中间调停出资方与雇员的利益矛盾。

（五）"社会责任"模式

"社会责任"模式大约出现在 20 世纪 30 年代美国经济大危机之后，一些学者认为，应当通过立法及其他规制措施迫使企业承担必要的社会责任。要求企业承担更多的社会责任，就是要改变公司的治理控制，最初这一举措是通过政府的规制来完成的。一方面，受到影响的利益主体可以通过法律及结成社团组织对公司施加直接的压力；另一方面，这些利益主体也对政府施加压力，要求政府直接管制公司的行为。政府要么运用法规直接施加规制，要么直接介入公司的运营，一种极端的情况就是政府直接管理企业，代表社会的利益。

（六）"利益相关者"模式

公司的发展离不开各种利益相关者，比如，股东、债权人、雇员、消费者、供应商等。由于这些利益相关者对公司的绩效都做出了贡献，那么公司理所当然要为利益相关者服务，股东仅仅是其中之一。利益相关者对公司治理的影响：一方面，是通过政府立法间接规范竞争秩序，为公司的良好运转创造一个良好条件；另一方面，一部分利益相关者通过直接介入公司的决策机构，参与公司的战略制定，来保障自身的利益。进入知识经济时代以后，人力资本地位的上升，企业治理的外部性问题的解决，都需要更多的利益相关者加入企业治理的行列中来，"利益相关者"模式越来越引起人们的关注。在欧盟发布的关于《公司治理》的注释中，明确提出"公司治理的框架应当确认利益相关者的合法权利"，治理框架也认识到，只有认识到利益相关者的利益以及他们对公司长期成功的贡献，才能更好地服务于公司的利益。

（七）"利益无关者"模式

许多公司的董事会有一半以上的董事都是外部独立董事，他们与各方不存在直接的利益关系，完全从管理技术的角度来评价和参与企业的管理。一个企业要生产、盈利，其利益相关者涉及方方面面，在决策时，需要考虑方方面面的利益。但是，如果各方的利益代表进入企业的决策机构，在实际进行企业的重大决策时，必然很难达到协调一致，从而加大了管理的成本，降低了决策效率。与其这样，倒不如从外部选择完全独立的董事，不代表任何一方的利益，从企业经营管理本身出发，从社会的利益出发来进行决策，笔者把它称为"利益无关者"模式。这样可以提高决策效率，避免不必要的扯皮和协调成本。从美国董事会构成的发展趋势中就可以看出这一点，其独立董事的比例越来越大，有的甚至除了总裁以外，全部是独立董事。

通过上述的比较，我们可以得出以下结论。

一个公司的治理控制通常根植于所在国家和地区的文化传统、社会价值观、政治与经济制度、法律体系之中，脱离后者试图抽象地设计出一套有效的治理控制体系是不切实际的，也不存在唯一和绝对有效的治理控制模式。治理控制是在长期实践中不断调整、演进和完善的，这种调整、演进和完善的过程目前仍在进行中，而且势必将继续进行下去，不存在静态的、一成不变的、有效的治理控制。传统模式只是把企业的所有权赋予某一要素所有者（股东或雇员），而后来的改进模式的差别就在于逐步引入其他的利益主体，一种模式和另一种模式的差别就在于企业所有权的配置结构上。

从另一个角度来看，如果效率是以企业总体绩效（诺斯的适应性效率）度量的，那么根据达尔文的自然选择原理，能够在激烈的市场竞争中生存下来的企业是具有适应性效率的，而现实中真正生存下来的企业的治理控制模式恰恰是多元化的，这说明不同的治理控制模式在与其相适应的环境条件下，可以获得同等的效率。从宏观上来看，治理控制模式的效率分布是无差异的，它反映了治理控制模式的多元化；而从微观的角度来看，治理控制也是动态变化的，关键是不同的治理控制模式要与特定的企业资源和环境相适应。

从发展的角度来看，这些模式试图贯彻的一个原则就是剩余索取权和剩余控制权的对应。传统的"股权至上"模式是基于对财产权的认识而形成的，也就是拥有财产权的人具有剩余索取权。企业是人力资本和非人力资本的一个特别契约，投资者一旦建立企业，则企业本身就获得了相对独立的生命。随着人力资本地位的提高，人们开始认为人力资本也应当具有剩余索取权，企业在运营一段时间后获得的有形增值和无形增值不能仅仅归于非人力资本投资者。剩余索取权结构的变化也就引发了剩余控制权结构的变化，从而促成了相关利益者模式等新型模式的出现。

总之，任何组织或制度的出现和存在都必然有特定的条件，反之，环境条件的变化也必然导致组织形态的变迁。资本家独占企业所有权和组织租金的古典资本主义企业不可能在任何环境与时代下都是最具有活力的企业组织形式。企业的组织形态和治理控制在不断演化，从资方占主导地位的资本管理型企业发展到共享式公司制企业。也许随着社会的进步，并伴随着人力资本重要性的提升，知识资本占主导地位的知本主义企业将会出现。

三、企业治理控制的构成要素

（一）股东大会

股东大会从法律角度来说是公司的最高权力机构，是股东对公司实现终极控制的具体表现形式。但是由于成本费用、投资目的、经营专业化和复杂化等，股东往往难以有效地行使控制，所以，仍然不能说它是股东行使基本投资权利的有效形式。但是，股东大会应当积极参与公司的治理，并通过种种适当的方式发挥主导作用。美国教师退休基金会（TIAA-CREF）是美国的一家主要机构投资者以及最大的养老金体系。其"公司治理评估"的行动计划是对美国公司治理控制的一项创新，其评估计划包括一系列对企业的管理控制和对各种评估过程进行最终的评价，以实现对企业的控制。更引人注意的是，在该计划中，TIAA-CREF把注意力集中在公司的治理控制上而不是商务策略上，它强调每位董事代表的是所有股东的利益，而不是某一主要投资者或客户的利益。

（二）董事会

股权的高度分散，股东大范围参与企业管理的不经济，以及信息不对称的实际困难，导致股东对企业的控制和影响日益缩小，仅仅成为企业的出资人。他们的权益和要求只能通过董事会来实现，因而董事会成为企业治理控制中的控制中心。董事会的具体职责可以概括为以下几个方面。一是聘任总经理以及以总经理为核心组成的经营者阶层。二是董事会应当对企业的综合财务绩效负责，董事会对企业财务执行状况和前景负有连续监督的责任；对于对企业资源有举足轻重影响的重大生产经营业务，董事会应当充分发挥监控作用；董事会应当研究企业的重大发展战略和战略发展计划。三是董事会应当时刻考虑企业的生产经营活动对社会有什么影响，以及对与企业发生各种形式社会经济联系的利益主体有什么影响。四是董事会应当确保企业内各个管理层制定的生产经营决策和管理过程，都能够连贯一致地符合国家法律。

董事会在企业内部控制中发挥着积极的作用，应当履行以下监督职责：选出公司的行政官员并授予他们管理职能和权力；批准行政官员的职位说明；维持管理队伍的持续性，评估他们的业绩；批准法律总顾问的选拔；制定 CEO 的报酬方案；批准高层管理者的综合报酬方案；授权行政官员签署各种书面文件；确保管理发展项目的存在和一贯质量，定期审查和批准这些项目。董事会要对内部控制实施监督：区分董事会监督职责和管理层职责；确认董事会的信息需求并安排及时的信息供给；追查业绩上的主要缺陷；认清公司前进中的阻碍并把握变化的潮流，提议公司方向上的转变；每年审核董事会获得的信息，确保其准确性和充分性；在每次的董事会会议上，讨论所有重大的商业机会与威胁；每年至少两次讨论公司前进中的障碍和影响公司的大变化。董事会也要对雇员关系进行监督：审批所有的退休金和退休计划以及雇员的其他福利；通过不断地审核，确保公司的所有雇员都遵从已树立的道德和职业标准；批准同外部团体的各种行动与关系；监控公司的招聘和员工发展，以确保多样性和公平的晋升机会。

董事会要行使其受托责任，必须反映公司及其股东的最佳利益，包括不定期的检查，以确保企业资源只用于适当的商业目的。董事会应当做到培养并鼓励这样一种企业环境：强有力的内部控制、财务责任、高尚的职业道德标准以及遵守适当的法律及规章；制定一套合适的程序，使董事会能够及时得知一些违反公司准则或者不遵守法律的行为，以及管理层对这类问题所做的决定；任命一个审计委员会，其成员全部由公司以外的独立董事组成；建立一个旨在检查公司政策及行为的机制，以保障企业资源得到适当使用；提供一个使主要股东能直接与董事会交流（如指定一名非总裁的董事会主席、一名主要董事，或是一个独立董事委员会）的明确机制。

（三）监事会

监事会在不同国家所起的作用不同。在美国，监事会是董事会下的一个委员会。1978 年 6 月底，美国纽约股票交易所率先规定，自该年 7 月 1 日起，凡在该所注册上市的企业在其企业公司治理中必须设立由外部董事组成的监事会，其后，美国股票交易所也做出了类似的规定。至此，监事会作为企业公司治理的一个必要组成部分，便成为一种正式的制度安排被确立下来，但监事会现在很少被提起，常被提起的是审计委员会。在德国，监事会和董事会是两个独立的机构，德国的《股份公司法》规定，股份有限公司要设监事会和董事会两个机构，在权力分配方面，德国监事会行使决策权和监督权，董事会行使经营权。监事会的职责大致有：保证对外公布财务资料的真实、可靠性，避免对公众产生误导作用；保证企业内部监控的充分与完整；监督企业文件、财务、道义及法律等方面有无托空之辞，有无违背常理之举；选择并审批企业的外部审计员。监事会主要负责企业内部的监督审查工作，并不直接涉及企业财务的审计工作。

（四）高级管理层

高级管理层是内部控制系统的枢纽环节，它向上连接董事会，向下管理企业的生产和人员，起着非常重要的承上启下作用，是企业内部控制建设中非常重要的一环。在《中华人民共和国公司法》中规定，经理对董事会负责，行使下列职权：主持公司的生产经营管理工作，组织实施董事会决议；组织实施公司年度经营计划和投资方案；拟订公司内部管理机构设置方案；拟订公司的基本管理制度；制定公司的具体规章；提请聘任或者解聘公司副经理、财务负责人；决定聘任或者解聘除应由董事会决定聘任或者解聘以外的负责管理人员等。但是，在规范的公司制企业中高级管理层的职责要丰富得多，一般认为，CEO 应当承担以下职责：营造一种促进道德行为、鼓励个人正直和承担社会责任的企业文化；维持一种有助于吸引、保持和激励在各个层次上由最高素质员工组成的多样性群体的积极、道德的工作氛围；为公司制定能创造股东价值的长期战略与远景，并推荐给董事长；制订能支持公司长期战略的年度业务计划和预算，并推荐给董事会；确保公司日常事务得到恰当管理；持续努力实现公司的财务和运营目标；确保公司提供的产品或服务的质量和价值不断提高；确保公司在行业内占有并保持令人满意的竞争地位；确定公司有一个在 CEO 领导下有效的管理队伍，并有一个积极的管理队伍的发展、换届计划；与董事合作，确保有一个有效的 CEO 职位的继任计划；制定并监督重大公司政策的实施；担任公司的主要代言人。

四、企业治理控制的体系

股东大会、董事会、监事会、高级管理层构成了以董事会为核心的企业治理控制体系。董事会最重要的责任是促使公司的长期发展，这是与其对股东负担的信托责任一致的。TIAA-CREF 认为，为了加强董事对股东的责任感，应当贯彻以下几个原则：董事会应当包括大量的独立董事；董事会为董事建立一套固定的退休政策，并规定所有董事必须拥有该公司的普通股；董事会必须由合格的人员组成，他们必须代表不同的经验、性别、种族及年龄；必须让董事会以其认为最有效的方式，采用与这种方式相一致的方法、原则来组织、实行董事会的职责及处理问题；董事会应对其自身及单个董事的表现有一个评估机制，至少应有一个由董事会做的年度表现审核；董事会还应定期召开执行会议。

为了实现董事和董事会的独立性、高效率以及营造一种有助于董事扮演其角色和履行其职责的董事会职业文化，实现有效治理控制，可以从八个方面入手：设立一个完全独立的治理委员会负责董事会治理，并界定与之相应的功能和职责，包括提名董事、设立并监控董事会的业绩目标；创造独立的领袖角色，创建独立的董事会领袖这一职位的目的并不只是增加一层权力，而是确保董事会组织周密地执行某些关键的独立董事职能并为此负责；参与制定董事会和委员会议程；确立有效的独立选拔和报酬方式；股票付酬；建立评估程序；举行独立董事的执行会议；董事会获取独立的建议。因此，评估 CEO 的业绩，选拔能做实事、能做出贡献的董事会成员，评估董事会自身的业绩以及董事长和各位成员的业绩、确立适当的董事报酬水平和形式构成了有效公司治理的基础。

（一）人员选择及规模

一个公司应根据个人的才智、专长和成就等因素招募与选拔董事，理想的董事会应具备职业背景和个人背景的多样性，通常要涉及管理、制造、工程、营销、会计、法律、研究开发、人力资源、财务和公共部门等专业背景。选拔董事去代表利益相关人而不是全体股东的利益是非常危险的，所有董事对公司负有受托人的职责，而且选择被期望或希望代表特别利益的董事是不合适的，也是不明智的。在一个高效的董事会中，每一个成员都举足轻重，因此，每一个董事会都应发现、选拔和保留那些最能使董事会扮演其角色并履行其职责的董事。选拔董事通常要考虑下列因素。

（1）董事的个人特征：董事个人应具有正直的品质、责任心、见多识广的判断、财务知识、成熟的自信、高业绩标准等条件。

（2）董事会的核心能力：为了充分完成董事会复杂的任务（从监督审计和管理业

绩到对危机进行反应与批准公司的战略计划），董事会应具备一整套的核心能力，包括会计和财务、商业判断力、管理才能、危机反应、行业知识、熟悉国际市场、领导才能、具有战略远见等，每位董事至少应在一个领域内贡献知识、阅历和技能。

（3）保持董事会的独立性：董事会的独立性对确保董事会有效地执行其使命和职责是至关重要的，它也在相当程度上使管理层对股东负责，董事会应要求独立董事占据董事会中的多数席位。

（4）董事会的规模：根据有关统计数据，董事会平均拥有 10 个董事，董事会的规模通常会随着公司规模的扩大而扩大。

（二）权责分配

在董事会中设置各种类型的委员会，以充分行使董事会的职责，是企业治理控制的关键。进行有效治理控制通常要设置三个委员会：提名委员会、报酬委员会和审计委员会。报酬委员会是企业治理控制中一个重要的且具有相对独立性的分支机构，目前在美国有 80% 以上的企业设立此类委员会。其主要职责是：制定经营者阶层的酬金政策；提出经营者阶层每年度的酬金标准，并报请董事会批准；负责经营者阶层享有的股票期权、股票增值权、绩效股及退休金等除基薪和红利以外薪金的管理工作。设立提名委员会的企业相对较少，在纽约股票交易所上市的企业大约占 50%，在北美股票交易所上市的企业大约占 20%。提名委员会的职责主要是：提出具备董事资格的人选，提出各委员会成员的候选人，指定内部及外部董事人选，提出企业高层管理者、董事长及总经理候选人，提出候补董事的候选人，确定分公司董事会的候选董事，在现任董事中指定留任者的人选。1997 年，标准普尔 500 家公司的 86.7% 有提名委员会，高于 1996 年的 86.4% 和 1995 年的 85.0%。几乎所有的标准普尔 500 家公司在 1995 年、1996 年和 1997 年都设有报酬委员会。基本上所有的公司都有审计委员会。

董事会中拥有专门负责广泛的公司治理（包括董事会评价）的委员会的比例增长迅速。在标准普尔 500 家公司中，1997 年有 36% 的公司在其委托书中说他们拥有治理委员会，而在 1996 年这一比例仅为 15%。治理委员会一般负责考察董事会的报酬、规模、组成和运作，90% 的治理委员会同时也是提名委员会。

（三）薪酬设计

合理确定董事的报酬是企业治理控制中一个很重要的方面。近年来，董事报酬的发展主要有三种趋势：现金报酬已从固定的年度聘用费转变为出席费；董事的非现金报酬的增长快于现金报酬，董事的综合报酬采取执行官的报酬形式并增加了复杂程度；董事的非现金报酬中增长最快的部分是股票，包括股票期权和限制性股票。在仅仅几年的时间里，标准普尔 500 家公司支付给董事的年均认股权报酬的价值增长了 69%，而年均股票收益增长了 65%，同一时期的平均底薪仅增长了 10%。有些公司取消了底薪和董事会议费，大约 80% 的标准普尔 500 家公司现在用股票或股权的方式向其董事支付报酬。标准普尔 500 家公司中拥有董事退休计划的比例从 1995 年的 61.2% 下降到了 1996 年的 44.4%，进而下降到了 1997 年的 23.2%。

高级管理层的薪酬大多采用综合薪酬形式，1997 年，美国经理报酬的研究表明，典型的总裁综合报酬中包含与业绩挂钩的薪酬，与这一块相比，他们的工资水平显得较低；标准普尔 500 家公司的总裁奖金涨幅最大，比上一年度增加 23.1%；期权的使用十分广泛；典型的期权奖励的潜在价值比总裁的工资和奖金的总和还要高出许多倍。

（四）保持独立性

有效公司治理的核心思想是董事会的独立性，董事会应当独立于管理层。这种独立使得当错误发生时，管理层必须承担责任，董事会能够及早采取行动，即便它损害了目前总裁和其他管理人员的利益。美国税则第 162 款规定，外部董事应具备以下条件：并非公司现任或前任雇员，除作为董事外不以其他任何关系收受巨额的直接或间接报酬（如提供服务或货物所得报酬）。全美公司董事联合会认为，一位董事应被视为是独立的，他应该满足以下条件：从未被该公司或其他任何一家子公司雇用；并非公司任何雇员的亲戚；不向公司提供服务；未受雇于向该公司提供主要业务的任何企业；除董事会费外，不从公司获取任何报酬。投资者责任研究中心（IRRC）通过对 1165 家标准普尔公司进行调查发现：在研究涉及的所有公司中，董事会中独立董事的比例平均为 61.6%。

委员会的存在和构成也是董事会独立性的重要指标。近年来，标准普尔 500 家公司各委员会中独立董事的平均比例在不断发生变化，大致呈上升趋势。

（五）业绩评价

业绩评价是一个最普遍也最有效的控制手段，一般包括三个方面：CEO 的业绩、公司业绩和董事会业绩，对前两者的评估反过来可以提出关于董事会业绩的根本问题。对 CEO 进行业绩评估可以方便董事会与 CEO 之间就公司和 CEO 长期及短期的业绩期望进行交流；可以方便董事会与 CEO 之间就实际业绩评估进行交流；可以帮助 CEO 认识到自身的长处和缺点，以及发扬长处、改掉缺点的方法；可以及时为 CEO 和董事会提供潜在问题的报警信号；可以提供清晰的 CEO 薪酬决策准则，包括激励性报酬的方案和何时取消这些方案；可以协助培养 CEO 与董事会之间的团队合作观念；可以增加在危急关头董事会支持 CEO 的可能性；可以提供一个明确的信号给股东和行政管理者——董事会一直在监督和评估 CEO 与高层管理者的行动。

合理确定董事会的职权范围，是评估董事会有效性的出发点。为了实现有效的监督和避免涉入管理层的领域，要区分董事会和管理层的权力，定期审议在组建公司的文件和公司细则中规定的董事会与管理层之间权力的分配，并判断这些权力的授予是否符合企业不断变化的要求；董事会应授予专门的委员会和董事职责，并将决策权的分配情况传达给相关的经理和股东。董事的各种能力与性格之间创造性的互动作用，构成一个比这些部分简单相加的功效更强的董事会。董事会业绩评估通常可以从三个方面进行：董事会整体业绩、董事会领袖（董事长和委员会主席）的业绩以及董事个人的业绩。

公司业绩评价是 CEO 业绩评价和董事会业绩评价的基础，是对董事会和高级管理层整体工作状况的初步评价，可以从利润目标的实现程度、成长性等方面进行评价。

五、企业治理控制的一般逻辑

治理控制的有效运作需要一整套具体可操作的有关组织结构、运作方式、管理机制等方面的制度和规则做支撑。而一套有效的治理控制制度和规则应当具有缜密性而不失弹性，应当力求权力和责任的合理配置，实现相互制衡而不影响协调运转。离开这些制度和规则的支撑，各机构的职责在法律上规定得再明确，也难以充分履行和落实到位，甚至会走向空洞化和虚位化。公司内部规范应成为保证治理控制有效运作的具体制度和规则的重要体现形式，它在确定控制体系的职责定位、组织机构、运作方式、管理机制等方面起着具体的、直接的和举足轻重的作用。

治理控制的基本逻辑是：审计委员会参考来自内部审计部门的审计报告，实施对高级管理层的审计和评价，并把评价结果转向报酬委员会和提名委员会；报酬委员会和提名委员会根据评价结果，确定高级管理层的报酬和提名，实现对高层管理的控制。更重要的是，在董事会成员的选拔、董事会内部的权责分配以及董事会业绩的评价过程中，股东大会必须通过种种方式发挥主导作用，比如，与高级管理层沟通、评价企业绩效等。

第二节 企业管理控制

一、企业管理控制的内涵

企业管理控制是指企业为了帮助经理人员协调企业内部各部门，并促进这些相关的部门互相更好地沟通和合作，在持续经营的基础上达到预期目标，而运用控制论中的平衡偏差原理对企业经营管理及其活动过程进行的调节和控制。为了实施管理控制而设计的互相相关的和互相沟通的组织与机制就构成了管理控制系统。管理控制主要是帮助管理者协调企业内各部门，并指导这些部门去实现企业的总体目标，通过调节、沟通和协作使单个的、分散的行动整合统一起来。控制过程大致可以分为三个步骤：第一，衡量实际绩效；第二，将实际绩效与标准进行比较；第三，采取管理行动来纠正偏差或不适当的标准。

按照权责层次划分，管理分为高层管理、中层管理和底层管理三个层次。高层管理者是企业组织的高级执行官，其主要作用是确立组织的目标，主要负责与外部环境进行联系，比如，金融机构、政界要员、重要供应商或客户等。中层管理者负责分配资源以实现高层管理者确立的目标，主要通过在其职权范围内执行计划并监督底层管理者来完成。底层管理者负责监督日常业务活动，他们通常监督、指导订货、收取支票、控制存货和维修设备之类的活动。一旦出现定价错误或日常设备损坏等问题，底层管理者就应出面解决这些问题。因此，企业的管理控制可以从三个层次入手：作业活动控制、战术活动控制和战略计划控制。

作业活动控制是指控制组织内的日常活动，包括申领资源与耗费资源。底层管理者必须对引起资源需求与消耗的业务过程进行识别、收集、注册登记和分析。战术活动控制由中层管理者负责执行，他们监督作业活动，保证组织实现目标，并节约资源。战略计划控制是从整体和长期的角度实施的控制，它直接影响着作业活动控制和战术活动控制。负责控制的管理人员需要确定如何配置企业的各种资源以达到组织目标，用来预测未来趋势的数据可以帮助管理者做出资源分配的决策。

管理控制可以在业务开始之前、进行之中或结束之后进行。开始之前的控制称为"前馈控制"，进行之中的控制称为"同期控制"，结束之后的控制称为"反馈控制"。

二、企业管理控制体系的改进

现代企业管理的核心是动态地对企业进行控制，具体表现为企业的动态利润分析，在外观上追求利润，而其内涵则是追求企业资源的合理高效利用。在知识经济时代，企业构建有效的管理控制时，首先，要进行业务流程重组，使企业的业务流程适合新的经济环境的需要；其次，建立 ERP 系统，全面管理和控制各种资源；最后，充分发挥内部审计的作用。

（一）业务流程重组

很久以来，分工理论一直是企业经营管理的一种很重要的指导思想，亚当·斯密曾经指出："劳动生产力最大的增进，以及运用劳动时所表现的更大的熟练、技巧和判断力，似乎都是分工的结果。"但是分工理论在不断提高企业生产效率的同时，也给企业的持续发展套上了一道无形的枷锁。在分工理论的指导下，人们将一个连贯的业务流程分解成数个片段，在劳动者的技能愈加专业化的同时，也增加了各个业务部门之间的交流工作，交易费用因此大大增加。在分工理论的影响下，科层体制成为企业组织的主要形态，这种体制将人分为严格的上下级关系，即使进行了一定程度的分权管理，也大大束缚了企业员工的积极性、主动性和创造性。当社会由工业经济走向知识经济的时候，这个问题更加突出。因此，企业需要"针对企业业务流程的基本问题进行反思，并对它进行彻底的重新设计，以便在衡量绩效的重要指标上，如成本、质量、服务和效率等方面，取得显著的进展"。也就是说，打破原有分工理论的束缚，重新树立"以流程为导向"的思想，以流程为现行的出发点和终点，重建完整和高效率的新流程，用崭新的流程替代传统的以分工理论为基础的流程。

企业可以在三个层面对业务流程进行再造。第一个是职能内部的流程重组。在旧体制下，各职能管理机构重叠、中间层次多，而这些中间管理层一般只执行一些非创造性的统计、汇总、填表等工作，计算机完全可以取代这些业务而将中间层取消，使每项职能从头至尾只由一个职能机构管理，从而做到机构不重叠、业务不重复。第二个是职能间的重组。在企业范围内，将跨越多个职能部门的业务流程整合为一个整体，充分发挥集体合作的优势，提高生产效率。第三个是企业间的业务流程重组。在企业为了发展的需要兼并相关企业时，就需要把两个企业之间的业务进行重组，以实现一体化的趋势。

在业务流程重组的过程中，企业要关注三个重点：一是要以顾客为中心，二是要以员工为中心，三是要以效率和效益为中心。传统的分工理论将完整的流程分解为若干任务，并把每个任务交给专门的人员去完成，在这种思想的影响下，工作的重点往往往会落在任务上，从而忽视了最终的目标——满足顾客的需要。企业通过业务流程重整恢复了流程的整个面貌，带来的直接好处就是使每位负责流程的人员充分意识到，流程的出口就是向顾客提供较高的价值。企业流程重组将直接导致组织结构发生变化，扁平化成为替代传统的金字塔型结构的新模式。企业中以流程小组为主，小组中的成员必须是复合型的人才，需要具备全面的知识、综合的观念和敬业的精神。这一客观要求推动员工不断学习，实现挑战性的目标。效益和效率是企业追求的最终目标，所以，业务流程重组能推动企业生产效率和效益的提高。

（二）建立 ERP 系统，全面管理和控制各种资源

资源管理系统的发展经历了以下几个阶段：MRP（Materials Requirements Planning），它主要用于订货管理和库存控制；闭环 MRP（Close MRP），把财务子系统和生产子系统结合为一体，采用计划—执行—反馈的管理逻辑，有效地对生产各项资源进行规划和控制；MRPII（Manufacturing Resources Planning），将生产活动中的销售、财务、成本、工程技术等主要环节与闭环 MRP 集成一个系统，成为管理整个企业的一种综合性的制订计划的工具；ERP（Enterprise Resources Planning），一种基于企业内部供应链的管理思想，把客户需求、企业内部的制造活动以及供应商的制造资源整合在一起，体现了完全按用户需求制造的思想。

ERP 作为企业管理思想，是一种新型的管理模式；作为一种管理工具，又是一套先进的计算机管理系统。它利用信息科学的最新成果，根据市场的需求对企业内部和其供应链上各环节的资源进行全面规划、统筹安排与严格控制，从而保证人、财、物、信息等各类资源得到充分、合理的应用，达到提高生产效率、降低成本、满足顾客需求、增强企业竞争力的目的。ERP 是现代管理思想的产物，它将许多先进的管理，如敏捷制造、精益生产、并行工程、供应链管理、全面质量管理等体现在 ERP 软件系统中，成为崭新的现代企业的管理手段。其基本思想是把企业的业务流程看作一个紧密连接的供应链，并将企业内部划分成几个相互协同作业的支持子系统，如财务、市场营销、生产制造、服务维护、工程技术等。ERP 可对企业内部供应链上的所有环节，如订单、采购、库存、计划、生产制造、质量控制、运输、分销、服务与维护、财务、成本控制、经营风险与投资、决策支持实验室 / 配方、人力资源等有效地进行管理，从管理范围和深度上为企业提供了更丰富的功能与工具。ERP 在对整个供应链的管理过程中更加强调对资金流和信息流的控制，这就将对供应链的管理上升到对价值链的控制。

ERP 是借用一种新的管理模式来改造原企业旧的管理模式，是先进的、行之有效的管理思想和方法。其核心管理思想就是实现对整个供应链的有效管理，主要体现在以下三个方面。

1. 对整个供应链资源进行管理

在知识经济时代，为了有效地参与市场竞争，企业不仅要充分利用自己的资源，还必须把经营过程中的有关各方，如供应商、制造工厂分销网络、客户等，纳入一个紧密的供应链中，才能有效地安排企业的产供销活动，满足企业利用全社会一切市场资源快速高效地进行生产经营的需求，以进一步提高效率和在市场上获得竞争优势。ERP 系统实现了对整个企业供应链的管理，适应了企业在知识经济时代市场竞争的需要。

2. 精益生产、同步工程和敏捷制造

ERP 系统支持对混合型生产方式的管理，其管理思想表现在两个方面。一是"精益生产 LP(Lean Production)"的思想，即企业在按大批量生产方式组织生产时，把客户、销售代理商、供应商、协作单位纳入生产体系。企业同其销售代理、客户和供应商的关系，已不再是简单的业务往来关系，而是利益共享的合作伙伴关系，这种合作伙伴关系组成了一个企业的供应链。二是"敏捷制造（Agile Manufacturing）"的思想。当市场发生变化，企业遇到特定的市场和产品需求时，企业的基本合作伙伴不一定能满足新产品开发生产的要求。这时，企业会组织一个由特定的供应商和销售渠道组成的短期或一次性的供应链，形成"虚拟工厂"，把供应和协作单位看成企业的一个组成部分，运用"同步工程（SE）"组织生产，用最短的时间将新产品打入市场，时刻保持产品的高质量、多样化和灵活性。

3. 事先计划与事中控制

ERP 系统中的计划体系主要包括：主生产计划、物料需求计划能力计划、采购计划、销售执行计划、利润计划、财务预算和人力资源计划等，而且这些计划功能与价值控制功能已完全集成到整个供应链系统中。另外，ERP 系统通过定义交易（transaction）相关的会计核算科目与核算方式，在事务处理发生的同时自动生成会计核算分录，保证了资金流与物流的同步记录和数据的一致性，从而实现了根据财务资金现状追溯资金的来龙去脉，并进一步追溯发生的相关业务活动，改变了资金信息滞后于物料信息的状况，便于实现事中控制和实时做出决策。此外，计划、事务处理、控制与决策功能都在整个供应链的业务处理流程中得以实现，要求在每个流程业务处理过程中最大限度地发挥每个人的工作潜能与责任心；流程与流程之间则强调人与人之间的合作精神，以便在有机组织中充分发挥每个人的主观能动性与潜能，从而实现企业管理从"金字塔式"组织结构向"扁平式"组织结构的转变，提高企业对市场动态变化的响应速度。

如果能成功应用 ERP，可对企业各个营运环节及区域的运行状况实施有效的管理和监控，对全面提升企业的市场决策能力和竞争能力具有极其重要的作用。在销售管理方面，可以更加及时地把握用户的需求，并及时将相关信息传递给有关部门，为用户提供更好的服务，为企业赢得更大的市场。在存货管理方面，可以对存货的型号、数量、进出库情况实时查阅，降低存货成本。在风险控制方面，可以及时把握市场的供求信息，及时推出相应的产品和服务，降低生产和进货的盲目性。在应收账款方面，可以更加及时地了解客户欠款的支付情况，最大限度地降低呆账和死账现象。企业决策者能通过利用 EPR 系统进行有效的判断、决策和控制，做到运筹帷幄，决胜千里。

（三）充分发挥内部审计的作用

内部审计与外部审计有着本质的区别，前者不但要鉴证过去发生的业务，还要做出评价，更多的是经济效益审计、经营审计或管理审计。企业要充分发挥内部审计的监督、鉴证和评价职能，建立起有效的控制体系。

管理控制的基本逻辑是：内部审计部门对中层管理和底层管理进行审计与绩效评估，并将结果分别向高层管理和企业的最高权力机构报告；高层管理在接到内部审计部门的报告后，对中层管理和底层管理采取相应的措施，或奖励或惩戒；最高权力机构把内部审计部门的报告作为评价高层管理的基础资料，并检查高层管理针对发现的问题是否做出了有效的处理及其效果如何。因为内部审计部门属于企业内部管理的一个组成部分，它不可能有效地对高层管理进行评价和评估，所以，对高层管理的审计要由审计委员会来实施。

第三节　企业文化

一、企业文化的内涵

在内部控制的理论框架中出现"企业文化"这个词语，似乎令人感到非常的意外，但是，当真正了解了企业文化的内涵之后，我们的意外就会荡然无存。关于企业文化的内涵，许多学者都进行了探讨。特伦斯和阿伦在其《企业文化》一书中认为："企业文化是用以规范企业人多数情况下行为的一个强有力的不成文规则体系。"《电子精英的经营智慧》一书的作者詹姆斯（Geoffrey James）将企业文化比作河岸，他指出："企业里的行为如同在两岸间奔流的河水，随着时间的推移，奔泻的河水将河道冲刷得更深，从而加强了企业文化，不断重复过去曾使企业走向成功的行为。"

在探讨企业文化时，不能不说到对企业本质的理解。如果把企业仅仅理解为投资者赚取利润的工具，那么企业的各种资源只不过是工具的组成部分，根本谈不上什么企业文化。但是，企业组织是通过与社会建立社会契约而获得合法性的。那些作为生产性组织的企业之所以存在，是为了以最有效的方式增加消费者和雇员的利益，进而增加社会福利，这就是公司作为生产性组织的"道德基础"。如果企业履行了社会契约，就可以发展得很好；如果企业未履行社会契约，社会就有理由谴责它。正如台湾积体电路制造股份有限公司董事长兼总裁张忠谋认为的那样，应将企业视为一个依靠共生关系生存的生态系统，在这个系统中培养合作精神，发展共生关系。印度信息系统技术有限公司董事长兼执行总裁默迪也指出，为了营造一个环境，使人人都能感受到自己是信息系统公司大家庭中的一员，公司应为员工提供免费饮料、伙食补贴、儿童日托中心和一个校园般的工作环境。默迪说："信息系统公司的主要财富是员工。这些财富每天下班时身体和心理上都非常累了。我们的责任就是要确保他们第二天上班时保持高昂的情绪和充沛的精力。"信息系统公司的员工还可使用公司的篮球场、排球场、健身设备和桑拿浴室，享受公司提供的住房和购车贷款，获取投资和人事咨询。公司这种"亲善员工"的态度使人员缩减率只有11%，而该行业的平均人员缩减率是25%。

要想给企业文化下一个准确的定义，真的很难。笔者认为，企业文化通常指的是企业内的环境或个性，大致可以包括四个方面：企业员工共有的观念、价值取向以及行为等外在表现形式，由管理作风和管理观念（管理者说的话、做的事、奖励行为）构成的管理气氛，由现存的管理制度和管理程序构成的管理氛围，书面或非书面形式的标准和程序形成的惯例等内容。而且，随着社会环境的变化，企业文化的内容和范围也会发生相应的变化，但从现代企业的现状来看，企业文化已经成为企业经营管理不可分割的一个组成部分。

二、企业文化的作用

文化究竟有多重要？日本1984年在经济白皮书中写道："在当前政府为建立日本产业所做的努力中，应该把哪些条件列为首要的呢？可能既不是资本，也不是法律和规章，因为这二者本身都是死的东西，是完全无效的。使资本和法规运转起来的是精神……因此，如果就有效性来确定这三个因素的分量，则精神应占十分之五，法规占十分之四，而资本只占十分之一。"我国曾经显赫一时的民营企业"巨人集团"也证实了企业文化建设的重要性。原"巨人集团"总裁史玉柱认为，当时的"巨人集团"在企业文化建设方面存在很多缺陷，比如，说到的做不到导致企业内部形成"信任危机"；干部不敢承担个人责任，出了问题相互推诿、找不到责任人；总是盯住别人的过失却时常原谅自己的错误，导致企业人际关系氛围恶化；总是强调困难和所谓的"苦劳"而置企业的利益于不顾；稍有成就之后就放弃"艰苦奋斗"的作风，导致企业整体战斗力的下降等。

　　企业文化与企业在管理上的规章制度并不是等价的概念。规章制度多是规范员工个人和商业行为的，是外部给员工的要求。企业的规章制度制定得再详细严密，总有些无法考虑到的地方，所以用行为控制的方式去管理员工，总无法真正将员工管理好，更谈不上发挥他们的积极性和创造性。因为我们知道在纳粹集中营里，用枪也管不了人们的思想。管理的最高境界是使员工自己管理自己，要员工自己管理自己就是让员工相信这个企业，相信这个企业主张的价值观是正确的和意义重大的，不仅对企业，对个人发展和修身养性也是意义重大的。好的管理都是非常注重文化建设的，而好的文化里面几乎满是做人的道理。只有文化才能将人心"管"住，而"管"住了心，就"管"住了一切。

　　总括来看，企业文化在企业中具有多种功能：第一，它起着分界线的作用，使不同的企业明显区别；第二，它表达了组织成员对组织的认同感；第三，它使组织成员将对组织的承诺置于个人利益之上；第四，它有助于增强社会系统的稳定性，它是一种"黏合剂"，通过为组织成员提供适当的言行举止标准，把整个组织凝聚在一起；第五，企业文化作为一种观念形成了控制机制，指导并塑造员工的行为，决定了企业内部的游戏规则。

三、企业文化的构建

　　企业文化包含企业的价值观、经营理念，它对员工及组织行为产生了规范性、约束性影响，是一种非强制性的文化形式。企业若没有共同的价值观，就是一盘散沙；企业若没有正确的价值观，就不可能创造出巨大的经济效益和社会效益。企业文化是企业管理的高级层次，是企业蕴含的精神底蕴。企业文化融入企业基础管理之中，体现在基础性的生产、营销、质量、成本和技术等方面。

　　企业文化的构建是一个非常简单也非常复杂的过程，这从以下几个著名的国际大公司的文化中可见一斑。微软文化把那些不喜欢大量规则、组织、计划，强烈反对官僚主义的 PC 程序员团结在一起，遵循"组建职能交叉专家小组"的策略准则；授权专业部门自己定义它们的工作，招聘并培训新雇员，使工作种类灵活机动，让人们保持独立的思想性；专家小组的成员可在工作中学习，从有经验的人那里学习，没有太多的官僚主义的规则和干预，没有过时的正式培训项目，没有"职业化"的管理人员，也没有耍"政治手腕"、搞官僚主义的风气。

　　为了使松下人为公司的使命和目标而奋斗的热情与干劲能持续下去，松下电器公司形成了松下七条精神：产业报国的精神、光明正大的精神、团结一致的精神、奋斗向上的精神、礼仪谦让的精神、适应形势的精神、感恩报德的精神。松下精神，作为使设备、技术、结构和制度运转起来的科学研究的因素，在松下公司的成长中形成，并不断得到培育强化。它是一种内在的力量，是松下公司的精神支柱；它具有强大的凝聚力、导向力、感染力和影响力；它是松下公司成功的重要因素。这种内在的精神力量可以激发与强化公司成员为社会服务的意识、企业整体的精神和热爱企业的情感，可以强化和再生公司成员各种有利于企业发展的行为。例如，积极提合理化建议，主动组织和参加各种形式的改善企业经营管理的小组活动；工作中互相帮助，互谅互让；礼貌待人，对顾客热情服务；干部早上班或晚下班，为下属做好工作前的准备工作或处理好善后事项等。

国际商用机器公司（IBM）的企业文化可以用三条原则来表示：必须尊重个人、必须尽可能给予顾客最好的服务、必须追求优异的工作表现。正是这些简单、平常的原则和信念构成了IBM特有的企业文化。其创始人成功地将企业文化转化成了感召力，引导企业向目标迈进；转化为约束力，来规范企业员工的行为；转化为鼓动力，激励员工创造高效率；转化为调节力，创造企业温馨而又高尚的氛围，从而产生了巨大的创造力及价值。深圳华为公司制定的《华为公司基本法》第一条规定："我们的追求是在电子信息领域实现顾客的梦想，并依靠点点滴滴、持之以恒的艰苦追求，使我们成为世界级领先企业。"第四条规定："爱祖国、爱人民、爱事业和爱生活是我们凝聚力的源泉。企业家精神、创新精神、敬业精神和团结合作精神是我们企业文化的精髓。我们决不让雷锋们、焦裕禄们吃亏，奉献者定当得到合理的回报。"第六条规定："我们以产业报国，以科教兴国为己任，以公司的发展为所在社区做出贡献。为伟大祖国的繁荣昌盛，为中华民族的振兴，为自己和家人的幸福而不懈努力。"

企业的内部控制并不单纯依靠经济利益的调节。做企业如同做人，企业的内部控制应当建立在共同伦理道德的基础上，形成真正意义上的团队精神。只有当企业中的每一个员工都信仰明确、思想鲜明时，内部控制才更有实效。企业内部要充分体现以人为本的思想，要强调仁爱的作用，强调沟通和感情的交流，减少管理者与被管理者之间的隔阂。这样更有利于企业形成强有力的群体，调动每一个人的积极性。企业内部控制要重视集体主义的精神建设，创造一个良好的人际关系环境空间，使大家相互支持、相互激励，充分发挥好个人的主观能动性。

第四节 内部控制的信息系统

一、一定的管理方法和管理手段是一定社会生产力发展水平的产物

在人类管理史上一个很长的时期内，由于管理规模的狭小、管理手段的落后、管理目标的单一、管理活动节奏的缓慢，信息处理过程比较简单。管理者往往把主要注意力放在对人、财、物等资源的直接利用上，很少考虑信息在管理中的作用，更不用说通过信息管理来履行管理职能，实现管理目标。但是，由于生产社会化的程度越来越高，企业的规模越来越大，管理过程越来越复杂，信息不仅是现代管理的重要资源，而且是管理活动赖以进行的凭借。管理决策对信息的需求不仅在数量上大幅度增加，而且在质量方面也提出了更高的要求。控制和信息是不可分的，任何信息的传递和处理都是为了控制，任何控制都要凭借信息。信息既是现代社会的主要资源，又是现代管理的基础，从而促使了信息系统的产生。未来的经济决定于信息与知识，信息系统是一个高度综合且各部分密切相关的系统，是能够接受输入数据和指令，按照指令的要求对数据进行处理并产生有用信息，最终输出这些信息的独立完整的系统。

企业管理信息系统，是一个覆盖企业或主要业务部门的辅助管理的人—机（计算机）系统，主要为运营、生产和行政的管理工作服务，它和企业的管理密切相关，和企业的管理模式、经营意识密切相关，为企业的最终目标服务。它是集计算机技术、网络通信技术于一体的信息系统工程，它按企业当前的运作模式，将日常工作中的资料、数据纳入计算机应用系统中，能够使企业运行的数据更加准确、及时、全面、翔实。采用先进、适用、有效的企业管理体制，把 MIS 运用于企业管理的各个环节和层次，可以改善企业的经营环境，降低经营生产成本，提高企业的竞争力；在企业内部改善商流、物流、资金流、信息流的通畅程度，使得企业的运行数据更加准确、及时、全面、翔实，同时对各种信息进一步加工，使企业领导层的生产、经营决策依据充分，更具科学性，从而更好地把握商机，创造更多的发展机会；有利于企业科学化、合理化、制度化、规范化的管理，使企业的管理水平跨上新台阶，为企业持续、健康、稳定的发展打下基础。

二、内部控制信息系统的建设

管理过程包括计划、组织、决策和控制人事与活动，不同的管理层为完成这些任

务需要不同的信息。高层管理者负责确立整个组织的目标群，他需要使用外部的信息来寻找新的商机并建立组织的目标；中层管理者通过组织和控制企业的资源来达到这些目标，他们需要能使他们有效分配资源来达到组织目标的信息；底层管理者监督、管理日常的业务活动，他们需要日常业务的反馈信息。所以，企业的管理信息系统可以从这三个层次进行构建。

管理信息系统的作业层，主要是收集、验证并记录事务，以及处理描述公司资源收支情况的数据。比如，应收账款、应付账款、现金收据等记载的财务数据必须在业务发生时被记录下来；在售出货物时，记录各项货物的数据，更新这些货物的库存水平，并准备运输标签和打包封条，做好发票。管理信息系统的战术计划层，为中层管理者提供监督和控制业务活动、有效分配资源所需的信息，主要是对业务处理数据进行概括集中和分析。管理信息系统的战略计划层为高层管理者提供制定企业长期策略所需的信息。高层管理者一般会利用战略计划信息系统确立企业的长期目标，中层管理者通常依靠战术系统控制其职权范围内的部门，并分配资源，以实现高层管理者制定的目标。

参考文献

[1] 白桂芬.行政事业单位财务管理内部控制建设与风险防范策略探究 [J].中文科技期刊数据库（全文版）经济管理，2022（10）：3.

[2] 陈昕玥.新时期国企财务管理与内部控制体系建设策略 [J].中文科技期刊数据库（全文版）经济管理，2023（3）：4.

[3] 陈博文.探究加强公立医院财务管理内部控制的主要问题及对策 [J].首席财务官，2022，18（19）：3.

[4] 金燕.企业会计财务管理和内部控制问题研究 [J].经济学，2022，5（2）：10-12.

[5] 季宁，郑丽敏.医院财务内部控制体系研究 [J].医学信息：医学与计算机应用，2022（1）.

[6] 吕升.国有企业财务管理内部控制优化措施研究 [J].市场周刊·理论版，2022（20）：0033-0036.

[7] 蒙桂艳.中小企业科研协作经费财务管理现状及其对策：以林业科研经费管理为例 [J].中小企业管理与科技，2022（2）：81-83.

[8] 农君鑫.关于强化企业会计财务管理内部控制工作的策略研究 [J].上海商业，2022（2）：2.

[9] 祁丽敏.新时期强化企业会计财务管理内部控制的方法与途径 [J].中文科技期刊数据库（全文版）经济管理，2022（4）：4.

[10] 李兰."新三板"上市公司财务管理风险及内部控制研究 [J].首席财务官，2023，19（4）：3.

[11] 李超.饲料企业财务管理中内部控制风险分析及优化研究 [J].中国饲料，2022（6）：4.

[12] 罗沙沙.信息时代，企业财务管理与内控管理的提升路径 [J].中国商人，2022（10）：2.

[13] 孙创国.关于铁路财务管理内部控制问题的研究 [J].老字号品牌营销，2023（7）：3.

[14] 刘义龙.内部控制在水利财务管理中的应用方法研究：评《水利工程与财务

管理》[J].灌溉排水学报,2022,41(11):154-154.

[15] 吴晓琼.企业财务管理中内部控制存在的问题与措施 [J].长江工程职业技术学院学报,2022,39(4):61-63.

[16] 邬芳炜.关于事业单位财务管理内部控制的实施及相关问题的研究 [J].中文科技期刊数据库（全文版）经济管理,2023(3):3.

[17] 王敦.企业财务管理内部控制的问题与优化对策 [J].中国中小企业,2022(7):3.

[18] 肖进.企业财务管理内控制度与财务风险防范策略 [J].前卫,2022(20):0091-0093.

[19] 徐元.关于公立医院财务内部控制问题的研究 [J].管理学家,2022(12):34-36.

[20] 由丽娜.国有企业会计财务管理与内部控制要点 [J].商情,2022(37):0022-0024.

[21] 杨茹雁.内部控制视角下行政事业单位财务管理影响因素研究 [J].质量与市场,2022(24):3.

[22] 张文莲.新形势下事业单位财务管理内部控制体系构建研究 [J].今商圈,2023(1):4.

[23] 张飞明.基层医疗卫生机构实施内部控制加强财务管理研究 [J].财会学习,2022(20):3.

[24] 张鲁杰.浅谈完善企业会计核算和财务管理内部控制的有效措施 [J].现代商业,2022(22):176-179.

[25] 张方丽.新时期国有企业财务管理与内部控制体系建设探析 [J].首席财务官,2023,19(2):3.